500 schöne Verse fürs Poesiealbum

Quellennachweis

Seite 54, 88, 93, 150, 155, 156, 159, 161 aus: Das Schönste von Eugen Roth, Band 3: Heitere Verse. Weltbild Verlag GmbH, Augsburg 1994, © by Carl Hanser Verlag, München, Wien 1977. Seite 165 aus: Eugen Roth: Rose und Nessel. © by Carl Hanser Verlag, München, Wien
Freundschaft, Zweiter Teil (S. 10), Ein Herz laviert nicht (S. 21), Ein männlicher Briefmark erlebte (S. 31), Es lohnt sich doch (S. 50), Zu einem Geschenk (S. 152) aus: Joachim Ringelnatz: Das Gesamtwerk in sieben Bänden. © 1994 by Diogenes Verlag AG Zürich.
Nur Geduld (S. 48), Die zwei Gebote (S. 62), Aufforderung zur Bescheidenheit (S. 81), Das Genie (S. 86), Für Stammbuch und Stammtisch (S. 87), Variante zum »Abschied« (S. 92), Kleiner Rat für Damokles (S. 95), Kalendersprüche (S. 107), Reden ist Silber (S. 112), Zusammenhänge (S. 115), Definition des Ruhms (S. 118), Die Grenzen der Aufklärung (S. 124), Die unzufriedene Straßenbahn (S. 122), Moral (S. 125), Unsanftes Selbstgespräch (S. 155), Mut zur Trauer (S. 173), Trost (S. 175) aus: Erich Kästner: Kurz und bündig. © by Atrium Verlag und Thomas Kästner, Zürich 1950. Was auch geschieht (S. 109), Die Entwicklung der Menschheit (S. 150) aus: Erich Kästner: Gesang zwischen den Stühlen. © by Atrium Verlag und Thomas Kästner, Zürich 1932. Helden in Pantoffeln (S. 160) aus: Erich Kästner: Lärm im Spiegel. © by Atrium Verlag und Thomas Kästner, Zürich 1929

Weltbild Buchverlag

Einbandgestaltung: Studio Höpfner-Thoma, München
Layout und Satz: AVAK Publikationsdesign, München
Lithoarbeiten: PHG Lithos, Martinsried
Druck und Bindung: Clausen & Bosse, Leck

Gedruckt auf chlorfrei gebleichtem Papier

Printed in Germany

ISBN 3-89604-661-6

Michaela und Ursula Mohr (Hrsg.)

500 schöne Verse fürs Poesiealbum

Weltbild

Inhalt

VORWORT

Das Poesiealbum kam nie ganz aus der Mode – im Gegenteil – es ist beliebt wie eh und je. Wer sein eigenes Poesiealbum aufbewahrt hat und wieder einmal durchblättert, wird feststellen, dass sich nicht sehr viel geändert hat. Es finden sich in einem neuen Büchlein wieder gute Ratschläge, Lebensweisheiten, Besinnliches und Heiteres von Dichtern und selbst gereimt. Auch die künstlerische Gestaltung der Seiten kennt man bereits. Ob Blümchen, Herzchen oder die immer beliebten Glanzbildchen, es wird gezeichnet, gemalt und geklebt.
Aber was tun, wenn man gebeten wird, sich in einem Album zu verewigen? Nicht jeder beherrscht die Kunst des Reimens oder kann auf eine umfangreiche Spruchsammlung zurückgreifen. Für den Fall der Fälle sind in diesem Buch eine Fülle von passenden Versen und Sprüchen zusammengestellt: von Themen wie Freundschaft oder Liebe bis hin zu heiteren und tröstlichen Worten. Die bekannten Klassiker sind ebenso vertreten wie Werke neueren Datums.

Das Poesiealbum

Wer sich ein Poesiealbum zulegt, möchte von Freunden und Verwandten ein Andenken in schriftlicher Form. Meist deshalb, weil es in der Schule oder im Freundeskreis gerade »in« ist. Wenngleich das Album dann für Jahre in einer Schublade verschwindet und keinerlei Beachtung findet, weiß man den Wert vielleicht Jahre später zu schätzen. Eine schöne Erinnerung an Menschen, mit denen man einige Zeit verbracht hat.

Gewöhnlich lässt es sich der Besitzer des Albums nicht nehmen, eine gewisse Rangordnung festzulegen. Die Namen derjenigen, die sich verewigen dürfen, werden fein säuberlich in die rechte obere Ecke geschrieben. Das geschieht natürlich mit Bleistift, damit der Name wieder ausradiert werden kann, falls sich die Beliebtheitsskala irgendwie ändern sollte. Zuerst kommen Eltern und Verwandte, dann die besten Freunde und schließlich die übrigen, die noch zum Freundeskreis zählen. Eine nicht gerade einfache Entscheidung. Denn wer sich im letzten Viertel wiederfindet, zählt natürlich nicht zum engen Favoritenkreis.

Es ist sicher ärgerlich, wenn man sein Album mit Flecken oder zerissenen Seiten zurückbekommt. Eine Vorsichtsmaßnahme hierzu: Man kann das Album in Klarsichtfolie einschlagen. So wird es zumindest von außen geschützt. Sollte es trotzdem irgendwie Schaden erleiden, hilft kein Ärgern. Blättert man sein Poesiealbum später wieder durch, denkt man an ein derartiges Malheur mit einem Lächeln zurück.

Wer um eine Widmung gebeten wird, hat nicht selten mit anderen Problemen zu kämpfen. Ein paar Tipps für Neulinge, die das erste Mal mit einem Poesiealbum konfrontiert werden:

Man sollte sich zunächst in Ruhe überlegen, was man schreiben will. Der Text muss schließlich zum Besitzer des Albums und seiner Persönlichkeit passen. Ist der ausgesuchte Reim oder Spruch bereits in dem Büchlein geschrieben worden, denkt man sich etwas anderes aus.

Am besten schreibt man die Worte zunächst zur Probe. Man sucht sich das Schreibwerkzeug aus, mit dem man genügend Erfahrung hat. So fällt das Schreiben nicht schwer. Bei den Versuchen, kann nicht nur die Schrift ausprobiert werden, sondern ebenso die Anordnung der Textzeilen.

Wenn alles passt, kann man sich an die Reinschrift wagen. Dabei gilt immer: Falls ein Patzer unterläuft, darf die Seite nicht herausgerissen werden. Das ist ungeschriebenes Gesetz! Entweder lässt sich der Fleck entfernen oder er wird kaschiert. Man kann beispielsweise ein Bildchen darüber kleben oder den Fleck zu einem richtigen Klecks ausmalen.

Bei der Ausgestaltung der Seite sind der Fantasie keine Grenzen gesetzt. Malen, Zeichnen, Bilder einkleben – alles ist gefragt. Man sollte seine Möglichkeiten ausschöpfen. Wer nicht gut zeichnen kann, lässt sich lieber etwas anderes einfallen.

Ort, Datum und Unterschrift gehören auf jeden Fall dazu. Es macht später viel mehr Spaß, in einem Album zu blättern, wenn man weiß, wer sich darin verewigt hat.

Es ist wirklich schade, wenn das Poesiealbum mit irgendwelchen Flecken verschmiert ist. Deshalb sollte man sorgfältig damit umgehen. Schließlich gehört das Buch jemand anderem.

Über Freundschaft und Freunde

Wenn der Freund dich kränkt,
verzeih's ihm; und versteh:
Es ist ihm selbst nicht wohl,
sonst tät er dir nicht weh.
Friedrich Rückert

Willst du dich selber erkennen, so sieh wie die andern es treiben,
willst du die andern verstehn, blick in dein eigenes Herz.
Friedrich von Schiller

Kannst du nicht mehr Geliebte sein,
sei Freundin mir sodann;
hat man die Liebe durchgeliebt,
fängt man die Freundschaft an.
Heinrich Heine

Die Liebe bricht herein wie Wetterblitzen,
die Freundschaft kommt wie dämmernd Mondenlicht.
Die Liebe will erwerben und besitzen,
die Freundschaft opfert, doch sie fordert nicht.
Emanuel Geibel

Ein wahrer Freund trägt mehr zu unserem Glück bei
als tausend Feinde zu unserem Unglück.
Marie von Ebner-Eschenbach

Gibt es etwas Beglückenderes
als einen Menschen zu kennen,
mit dem man sprechen kann
wie mit sich selbst?
Cicero

Wer andern gar zu wenig traut,
hat Angst an allen Ecken;
wer gar zu viel auf andre baut,
erwacht mit Schrecken.

Es trennt sie nur ein leichter Zaun,
die beiden Sorgengründer;
zu wenig und zu viel Vertraun
sind Nachbarskinder.
Wilhelm Busch

Freundschaft ist eine Seele in zwei Körpern.
Aristoteles

Wenn unsere Freunde uns Dienste erweisen, so nehmen wir an,
sie schuldeten uns das als Freunde, und vergessen dabei,
dass sie uns ihre Freundschaft nicht schuldig sind.
Marquis de Vauvenargues

Freundschaft, Zweiter Teil

Die Liebe sei ewiger Durst.
Darauf müsste die Freundschaft bedacht sein.
Und, etwa wie Leberwurst,
immer neu anders gemacht sein.

Damit man's nicht überkriegt.
Wer einmal den Kanal
überfliegt,
merkt: Der ist so und so breit.
Und das ändert sich kaum
in menschlich-absehbarer Zeit.
Wohl aber kann man diesen Zwischenraum
schneller oder kürzer durchqueren.
Wie? Das muss die Freundschaft uns lehren.

Ach, man sollte diesen allerhöchsten Schaft
immer wieder einmal jünglingshaft
überschwenglich begießen.
Eh' uns jener ausgeschlachtete Knochenmann
dahinrafft.

Joachim Ringelnatz

Wem der große Wurf gelungen,
eines Freundes Freund zu sein;
Wer ein holdes Weib errungen,
mische seinen Jubel ein!
Ja – wer auch nur eine Seele
sein nennt auf dem Erdenrund!
Und wer's nie gekonnt, der stehle
weinend sich aus diesem Bund!

Friedrich von Schiller

Schaff mich nicht ab, wenn auch den Durst
gelöscht der holde Trunk;
behalt mich noch ein Vierteljahr,
dann hab auch ich genug.

Jeder wandle für sich, und wisse nichts von dem andern,
wandeln nur beide gerad, finden sich beide gewiss.
Friedrich von Schiller

Wieviel Unrecht kann die Umarmung
eines Freundes wieder gutmachen.
Jean Jacques Rousseau

Wenn zwei gute Freunde sind
die einander kennen,
Sonn' und Mond begegnen sich,
ehe sie sich trennen.
Clemens Brentano

Der Mensch hat nichts so eigen,
so wohl steht ihm nichts an,
als dass er Treue zeigen
und Freundschaft halten kann.
Simon Dach

Eigennutz ist die Klippe,
an der jede Freundschaft zerschellt.
Ludwig Tieck

Dein wahrer Freund ist nicht,
wer dir den Spiegel hält der Schmeichelei,
worin dein Bild dir selbst gefällt.
Dein wahrer Freund ist,
wer dich sehn lässt deine Flecken
und sie dir tilgen hilft,
eh' Feinde sie entdecken.
Friedrich Rückert

Liebe Freundin! Ich ersuche,
bitte und beschwöre dich:
Liesest du in diesem Buche
und du kommst an diese Seite
Ach! so mache mir die Freude
und erinnere dich an mich.
Wilhelm Busch

»Freund in der Not« will nicht viel heißen;
hilfreich möchte sich mancher erweisen.
Aber die neidlos ein Glück dir gönnen,
die darfst du wahrlich »Freunde« nennen.
Paul Heyse

Ein Freund, der mir den Spiegel zeiget,
den kleinsten Flecken nicht verschweiget,
mich freundlich warnt, mich herzlich schilt,
wenn ich nicht meine Pflicht erfüllt:
Der ist mein Freund.
Christian Fürchtegott Gellert

Wahre Freundschaft soll nicht wanken,
wenn sie gleich entfernet ist,
lebet fort noch in Gedanken
unsrer Treue nicht vergisst.

Wenn der Mühlstein trägt die Reben
und daraus fließt kühler Wein,
wenn der Tod mir nimmt das Leben,
hör ich auf, getreu zu sein.
Volkslied

Freundschaft ist Liebe mit Verstand.
Jean de la Bruyère

Glücklich, was in Lieb und Treue
sich hienieden einst verband
und sich immerfort aufs neue
noch wie weiland wiederfand!

Schön wie eine liebe Sage
klinget die Erinnerung,
und im Zauber schöner Tage
fühlt das Herz sich wieder jung.

So nur gibt's für uns kein Altern,
kein Verwelken, kein Verblühn,
wenn wir treu verbunden halten
fest der Freundschaft Immergrün.
August Heinrich Hoffmann von Fallersleben

Das schönste Geschenk, das die Götter den Menschen verliehen, ist die Freundschaft. Mögen manche auch den Reichtum, die Macht, die Ehre oder die Gesundheit preisen, ich ziehe Freundschaft und Weisheit allen anderen Gütern vor. Im Glück wie im Unglück verlangt der Mensch am meisten nach Freundschaft.

Cicero

O brich den Faden nicht der Freundschaft rasch entzwei! –
Wird er auch neu geknüpft, ein Knoten bleibt dabei.

Friedrich Rückert

Der Freunde gibt es mächtig viel
bei Lieb'sgeschichten, Fraß und Spiel,
steht aber vor der Tür die Not,
dann ist die Freundschaft – gleichsam tot.

Johann Jakob Hertel

Freundschaft, Liebe, Stein der Weisen,
diese dreie hört ich preisen,
und ich pries und suchte sie,
aber ach! ich fand sie nie.

Heinrich Heine

Auf der höchsten Stufe der Freundschaft
offenbaren wir dem Freunde
nicht unsere Fehler,
sondern die seinen.

François La Rochefoucauld

Dasselbe wollen und dasselbe nicht wollen,
das erst ist feste Freundschaft.
Sallust

Und wenn der Pfad sich furchtbar engt
und Missgeschick uns plagt und drängt,
so reicht die Freundschaft schwesterlich
dem Redlichen die Hand.
Johann Martin Usteri

Geleert hab ich nach Herzenswunsch
der Liebe Kelch, ganz ausgeleert;
das ist ein Trank, der uns verzehrt
wie flammenheißer Kognakpunsch.

Da lob ich mir die laue Wärme
der Freundschaft; jedes Seelenweh
stillt sie, erquickend die Gedärme
wie eine fromme Tasse Tee.
Heinrich Heine

Der Anfang unsrer Freundschaft war nur – Schein!
Die Fortsetzung soll Wahrheit sein.
Friedrich von Schiller

Die innige Freude am großen Glück eines Freundes spricht höhere Liebe aus,
als dieselbe Teilnahme an dessen Unglück.
Jean Paul

Freunde sind Leute, die meine Bücher entleihen
und nasse Gläser darauf stellen.
Edwin Arlington Robinson

Jedermann kann für die Leiden eines Freundes
Mitgefühl aufbringen.
Es bedarf aber eines wirklich edlen Charakters,
um sich über die Erfolge eines Freundes zu freuen.
Oscar Wilde

Freunde offenbaren einander gerade das am deutlichsten,
was sie einander verschweigen.
Johann Wolfgang von Goethe

Von allen Dingen, die das Glück des Lebens ausmachen,
schenkt die Freundschaft uns den größten Reichtum.
Epikur

Zürnt dein Freund mit dir,
so verschaff ihm eine Gelegenheit,
dir einen großen Gefallen zu erweisen;
darüber muss sein Herz zerfließen
und er wird dich wieder lieben.
Jean Paul

Unsre Freundschaft, die soll brennen
wie ein dickes Dreierlicht;
Freunde wollen wir uns nennen,
bis der Mops Französisch spricht.
Sprichwort

Wo du bist und wo ich sei,
ferneweg und nahebei –
überall und auch indessen
werd ich deiner nicht vergessen.

Dein gedenk ich, still erfreut,
selbsten in der Einsamkeit –
ja, im dicksten Publikum
schwebt mein Geist um dich herum.
Wilhelm Busch

Das Band der Freundschaft verbindet enger als das des Blutes oder der Schwägerschaft; denn die Freunde haben wir, wie wir sie uns wählen, die Verwandten aber, wie das Glück sie uns gibt.
Giovanni Boccaccio

Wenn jemand schlecht von deinem Freunde spricht,
und scheint er noch so ehrlich, glaub ihm nicht.
Spricht alle Welt von deinem Freunde schlecht,
misstrau der Welt und gib dem Freunde Recht.
Nur wer so standhaft seine Freunde liebt,
ist wert, dass ihm der Himmel Freunde gibt.
Ein Freundesherz ist ein so seltner Schatz,
die ganze Welt ist dafür nicht Ersatz.
Friedrich von Bodenstedt

Ein Herz und eine Seele sei
mit seinem Freund der Freund,
liebreich und wahrhaft, mild und frei,
in Fern und Tod vereint.
Einst bringt, wer früher starb, im Glanz
dem Brudergeist den Palmenkranz.
Johann Heinrich Voß

Teuer ist mir der Freund,
doch auch den Feind kann ich nützen,
zeigt mir der Freund, was ich kann,
lehrt mich der Feind, was ich soll.
Friedrich von Schiller

Freundschaften, die in einem geschlossenen Raum zustande gekommen sind, müssen erst unter freiem Himmel erprobt werden.
Francesco Domenico Guerrazzi

Kannst du nicht allen gefallen durch deine Tat und dein Kunstwerk,
mach es wenigen recht; vielen gefallen ist schlimm.
Friedrich von Schiller

Wir müssen lernen, entweder als Brüder miteinander zu leben
oder als Narren unterzugehen.
Martin Luther King

Von der Gleichheit der Gemütsart
wechselseitig angezogen
waren wir einander immer
mehr als uns bewusst gewogen.

Beide ehrlich und bescheiden,
konnten wir uns leicht verstehen;
Worte waren überflüssig,
brauchten uns nur anzusehen.
Heinrich Heine

Nicht viel sind tausend Freund,
ein einz'ger Feind ist viel;
denn diesem ist es Ernst,
und jenen nur ein Spiel.
Friedrich Rückert

Lächeln des Freundes ist wie
eine laufende Welle voll Licht!
Jean Paul

Man hat etwas weniger Freunde, als man annimmt,
aber etwas mehr als man kennt.
Hugo von Hofmannsthal

Ich lobe mir den Freund,
der wachsen macht;
vor trocknen Seelen nimm dich, Herz, in Acht.
Christian Morgenstern

Der Jugendfreund, der Schulfreund,
wird nicht vergessen, denn er hat
etwas von einem Bruder an sich.
Jean Paul

Wer Freunde sucht, ist sie zu finden wert:
Wer keinen hat, hat keinen noch begehrt.
Gotthold Ephraim Lessing

Nicht für die kurze Zeit – Freundschaft ist für die Ewigkeit!
Aus: Des Knaben Wunderhorn

Etwas Sinnlichkeit und Parteilichkeit für den Freund scheint mir zur Freundschaft in dieser Welt zu gehören. Denn wolltest du an ihm nur die wirklich ehr- und liebenswürdigen Eigenschaften ehren und lieben, wofür wärest du dann sein Freund? Das soll ja jeder wildfremde unparteiische Mann tun.
Matthias Claudius

Wenn wir immer vorsichtig genug wären
und uns mit Freunden nur von einer Seite verbänden,
von der sie wirklich mit uns harmonieren,
und ihr übriges Wesen weiter nicht in Anspruch
nähmen, so würden die Freundschaften
weit dauerhafter und ununterbrochener sein.
Johann Wolfgang von Goethe

Ein Herz laviert nicht

Ich nenne keine Freundschaft heiß,
die niemals, wenn's ihr unbequem,
den Freund zu überraschen weiß
trotzdem.

Denn wenn sie Zeit und Mühe scheut,
ein Unverhofft zu bringen,
das einen Freund unendlich freut,
dann hat sie keine Schwingen.

Den Umfang einer Wolke misst
kein Mensch. Weil sie nicht rastet,
noch ihre Freiheit je vergisst –
ich glaube: keine Wolke ist
mit Arbeit überlastet.
Joachim Ringelnatz

Der eigentlichste Kern der Freundschaft:
ein Glaube, ein Hoffen,
ein gemeinsames Werk.
Annette von Droste-Hülshoff

Wirklich gute Freunde sind
Menschen, die uns genau kennen
und trotzdem zu uns halten.
Marie von Ebner-Eschenbach

Den wahren Freund erkennt man
in der Not.
Cicero

Im Unglück erst bewährt sich
Männerkraft,
und Freundschaftstreue prüft man
erst im Sturm.
Theodor Körner

Daran erkenn ich den Freund,
dass er mich oder sich nicht
unterhalten, sondern bloß dasitzen will.
Jean Paul

Die meisten Freundschaften zerbrechen nicht,
sondern verwelken.
Ernst Zacharias

Tugend und Freundschaft sind ewig verwandt;
es knüpft sie beide ein himmlisches Band.
Johann Wilhelm Ludwig Gleim

Freunde pflegt man zu erwählen
nur nach Wägen, nicht nach Zählen.
Friedrich von Logau

Freundschaft ist Gefühl und Verständnis füreinander
und Hilfsbereitschaft in allen Lebenslagen.
Cicero

Ein Freund ist gleichsam ein anderes Ich.
Cicero

Denn über alles Glück geht doch der Freund,
der's fühlend erst erschafft, der's teilend mehrt.
Friedrich von Schiller

Über Liebe und Zuneigung

Wunderlichstes Buch der Bücher
Ist das Buch der Liebe!
Aufmerksam hab ich's gelesen:
Wenig Blätter Freuden,
ganze Hefte Leiden!
Johann Wolfgang von Goethe

Und kränkt die Liebe dich, sei dir's zur Lieb ein Sporn;
dass du die Rose hast, das merkst du erst am Dorn.
Friedrich Rückert

Was soll ich dir sagen, was soll ich dir geben?
Ich wünsch dir ein langes, glückliches Leben.
Ich hab ein Herz, das denkt und spricht:
Ich hab dich lieb, mehr weiß ich nicht.
Aus dem 19. Jahrhundert

Hass, als minus und vergebens,
wird vom Leben abgeschrieben.
Positiv im Buch des Lebens
steht verzeichnet nur das Lieben.
Ob ein Minus oder Plus
uns verblieben, zeigt der Schluss.
Wilhelm Busch

Liebe – sagt man schön und richtig –
ist ein Ding, was äußerst wichtig.
Nicht nur zieht man in Betracht,
was man selber damit macht,
nein, man ist in solchen Sachen
auch gespannt, was andre machen.
Wilhelm Busch

Blumenduft vom Nachbarfenster
weht der Wind zu mir herein,
und es scheint ein Gruß der Liebe
aus der Ferne mir zu sein.
Theodor Storm

Die Liebe gleicht dem April:
bald Frost, bald fröhliche Strahlen,
bald Blüten in Herzen und Talen,
bald stürmisch und bald still,
bald heimliches Ringen und Dehnen,
bald Wolken, Regen und Tränen; –
im ewigen Schwanken und Sehnen,
wer weiß, was werden will!
Emanuel Geibel

Wallt dein Blut von Jugendtrieben,
lerne von mir deine Pflicht:
Lieben kannst du, du kannst lieben;
doch verliebe dich nur nicht.
Gotthold Ephraim Lessing

Ein bisschen Eifersucht ist das Salz in der Suppe.
Aber man kann bekanntlich eine Suppe auch versalzen.
Alberto Sordi

Wenn dir's in Kopf und Herzen schwirrt,
was willst du Bessres haben!
Wer nicht mehr liebt und nicht mehr irrt,
der lasse sich begraben.
Johann Wolfgang von Goethe

Man wird von der Menge öfter ohne Grund gehasst,
als ohne Grund geliebt.
Jean Paul

Du, Eifersucht, wärst Amors Kind?
So sei von mir bewundert.
Dein Vater, saget man, ist blind;
du hast der Augen hundert.
Gerhard Anton von Halem

Heiter sollte jegliches Gedicht,
ach! wie meine Seele heiter sein.
Aber wo sich Liebe Kränze flicht,
flocht sich Wermut selber mit hinein.
Ohne Dornen blüht die Rose nicht,
und der Schatten folgt dem Sonnenschein.
*August Heinrich Hoffmann
von Fallersleben*

Teurer Freund, du bist verliebt,
und dich quälen neue Schmerzen;
dunkler wird es dir im Kopf,
heller wird es dir im Herzen.

Teurer Freund, du bist verliebt,
und du willst es nicht bekennen,
und ich seh des Herzens Glut
schon durch deine Weste brennen.
Heinrich Heine

Vergiss mein nicht, du treues Herz,
bleib treu mir in der Ferne,
ohn dich ist alle Freude Schmerz,
ohn dich sind dunkel die Sterne.
Clemens Brentano

Ich schnitt es gern in alle Rinden ein,
ich grüb es gern in jeden Kieselstein,
ich möchte es sä'n auf jedes frische Beet
mit Kressensamen, der es schnell verrät,
auf jeden weißen Zettel möchte ich's schreiben:
Dein ist mein Herz, und soll es ewig bleiben.
Wilhelm Müller

Liebe ist der Entschluss,
das Ganze eines Menschen zu bejahen,
die Einzelheiten mögen sein wie sie wollen.
Otto Flake

Liebe denkt in süßen Tönen,
denn Gedanken stehn zu fern,
nur in Tönen mag sie gern
alles, was sie will, verschönen.
Ludwig Tieck

Dass ich liebte, innig liebte,
wagt ich dir zu sagen kaum,
und ich sagt's und durfte hoffen –
aber alles war ein Traum.
August Heinrich Hoffmann
von Fallersleben

Liebe, die von Herzen liebt,
ist am reichsten, wenn sie gibt;
Liebe, die vom Opfern spricht,
ist schon rechte Liebe nicht.
Emanuel Geibel

Ich liebe dich, weil ich dich lieben muss;
ich liebe dich, weil ich nicht anders kann;
ich liebe dich nach einem Himmelschluss;
ich liebe dich durch einen Zauberbann.

Dich lieb ich, wie die Rose ihren Strauch;
dich lieb ich, wie die Sonne ihren Schein;
dich lieb ich, weil du bist mein Lebenshauch;
dich lieb ich, weil dich lieben ist mein Sein.
Friedrich Rückert

Liebe besteht nicht darin, dass man einander ansieht,
sondern, dass man gemeinsam in die gleiche Richtung blickt.
Antoine de Saint-Exupéry

Wenn die Lieb ist eifersüchtig, so bekommt sie hundert Augen,
doch es sind nicht zwei darunter, die grad' aus zu sehen taugen.
Wilhelm Müller

Nur Wenige werden von Wenigen lange geliebt,
weil nur Wenige einen ganz freien Menschen dulden.
Jean Paul

Der kann von Liebe nicht reden,
dem sie nimmer Verlust und Gewinn war –
dem sie nie irgendwann der Sinn war
von allem und jedem.
Christian Morgenstern

Der Brief, den du geschrieben,
er macht mich gar nicht bang;
du willst mich nicht mehr lieben,
aber dein Brief ist lang.

Zwölf Seiten, eng und zierlich!
Ein kleines Manuskript!
Man schreibt nicht so ausführlich,
wenn man den Abschied gibt.
Heinrich Heine

Wie könnt ich dein vergessen!
Ich weiß, was du mir bist,
solang ein Hauch von Liebe
und Leben in mir ist.
Ich suche nichts als dich allein,
als deiner Liebe wert zu sein.
Wie könnt ich dein vergessen!
Ich weiß, was du mir bist.
August Heinrich Hoffmann von Fallersleben

Das Recht sagt: Jedem das Seine!
Die Liebe: Jedem das Deine!
Wilhelm Müller

Doch bin ich, wie ich bin,
und nimm mich nur hin!
Willst du bessre besitzen,
so lass dir sie schnitzen.
Ich bin nun, wie ich bin;
so nimm mich nur hin!
Johann Wolfgang von Goethe

Mein Sohn, sei wachsam und sei klug
beim ersten Regen süßer Triebe!
Der erste Seufzer deiner Liebe
ist sonst durch Amors schlauen Trug
der Freiheit letzter Atemzug!
Ephraim Moses Kuh

Ein männlicher Briefmark erlebte

Ein männlicher Briefmark erlebte
was Schönes, bevor er klebte.
Er war von einer Prinzessin beleckt.
Da war die Liebe in ihm erweckt.

Er wollte sie wiederküssen,
da hatte er verreisen müssen.
So liebte er sie vergebens.
Das ist die Tragik des Lebens!
Joachim Ringelnatz

Keine Rose, keine Nelke
kann blühen so schön,
als wenn zwei verliebte Seelen
beieinander tun stehn.

Setze du mir einen Spiegel
ins Herze hinein,
damit du kannst sehen,
wie so treu ich es mein.
Volkslied

So mancher wilde Liebeskummer
Verging schon nach dem ersten Schlummer.
Reinhard von Norman

Die Liebe lebt von liebenswürdigen Kleinigkeiten.
Theodor Fontane

Nur liebend ist dein Herz ein Herz.
Was ist die Welt, wenn sie mit dir
durch Liebe nicht verbunden?
Was ist die Welt, wenn du in ihr
nicht Liebe hast gefunden?

Verklage nicht in deinem Schmerz
des Herzens schönste Triebe!
Nur liebend ist dein Herz ein Herz,
was ist es ohne Liebe?

Wenn du die Liebe nicht gewannst,
wie kannst du es ermessen,
ob du ein Glück gewinnen kannst,
ob du ein Glück besessen?

August Heinrich Hoffmann
von Fallersleben

Die Liebe, wenn sie neu,
braust wie ein junger Wein:
Je mehr sie alt und klar,
je stiller wird sie sein.

Angelus Silesius

Liebe hört auf keine Lehre,
weiß im Leben nicht ein, noch aus.
Wenn es nicht die Liebe wäre,
man sperrte sie ins Irrenhaus.

Friedrich Halm

O glücklich, wer ein Herz gefunden,
das nur in Liebe denkt und sinnt
und mit der Liebe treu verbunden
sein schönres Leben erst beginnt!

Wo liebend sich zwei Herzen einen,
nur eins zu sein in Freud und Leid,
da muss des Himmels Sonne scheinen
und heiter lächeln jede Zeit.

Die Liebe, nur die Lieb ist Leben:
Kannst du dein Herz der Liebe weihn,
so hat dir Gott genug gegeben,
freu dich, die ganze Welt ist dein!

August Heinrich Hoffmann von Fallersleben

Weiß nicht, woher ich bin gekommen.
Weiß nicht, wohin ich werd genommen,
doch weiß ich fest: dass ob mir ist
eine Liebe, die mich nie vergisst.

Justinus Kerner

Nicht mit zu hassen, mit zu lieben bin ich da.

Sophokles

Eifersucht macht scharfsichtig und blind,
sieht wie ein Schütz und trifft wie dein Kind.

Emanuel Geibel

Dein Bildnis wunderselig
hab ich im Herzensgrund,
das sieht so frisch und fröhlich
mich an zu jeder Stund.

Mein Herz still in sich singet
ein altes, schönes Lied,
das in die Luft sich schwinget
und zu dir eilig zieht.
Joseph von Eichendorff

Mein Herz ist wie die Sonne,
so flammend anzusehn,
und in ein Meer von Liebe
versinkt es groß und schön.
Heinrich Heine

Ich hab dich geliebt und liebe dich noch!
Und fiele die Welt zusammen,
aus ihren Trümmern stiegen doch
hervor meiner Liebe Flammen.
Heinrich Heine

Meistens schüchtern, selten herrisch,
manchmal ernsthaft, manchmal närrisch
zog er durch das Weltgetriebe.
Und fast immer fand er Liebe.
Wilhelm Busch

Die Liebe ist das Wohlgefallen am Guten;
das Gute ist der einzige Grund der Liebe.
Lieben heißt: jemandem Gutes tun wollen.
Thomas von Aquin

Zwei schöne Augen sah ich gestern,
da war die Liebe drin und auch das Leid.
Die Liebe und das Leid sind Schwestern,
es trennt sie keine Ewigkeit.
Detlev von Liliencron

Ein Irrtum, welcher sehr verbreitet
und manchen Jüngling irreleitet,
ist der, dass Liebe eine Sache,
die immer viel Vergnügen mache.
Wilhelm Busch

Freudvoll und leidvoll,
gedankenvoll sein;
langen und bangen
in schwebender Pein;
himmelhoch jauchzend,
zu Tode betrübt
glücklich allein
ist die Seele, die liebt.
Johann Wolfgang von Goethe

Über das Glück

Willst du immer weiter schweifen?
Sieh, das Gute liegt so nah.
Lerne nur das Glück ergreifen,
denn das Glück ist immer da.
Johann Wolfgang von Goethe

Glück, sie nennen dich blind und werden nicht müde, zu schelten.
Frage doch endlich zurück: Könnt ihr denn selber auch seh'n?
Friedrich Hebbel

Zum Segen des Glücks bekennen sich nur die Unglücklichen;
die Glücklichen führen alle ihre Erfolge auf Klugheit und Tüchtigkeit zurück.
Jonathan Swift

O glücklich, wer viel tut und immer Zeit
noch übrig hat, für andre was zu tun,
die Langeweile nur bei andern kennt
und seine Zeit so zu verwerten weiß,
dass jede Zeit in seinem Leben wird
zu einer Freud- und Segenspenderin.
August Heinrich Hoffmann
von Fallersleben

Das Glück ist eine leichte Dirne,
und weilt nicht gern am selben Ort;
sie streicht das Haar dir von der Stirne
und küsst dich rasch und flattert fort.

Frau Unglück hat im Gegenteile
dich liebefest ans Herz gedrückt;
sie sagt, sie habe keine Eile,
setzt sich zu dir ans Bett und strickt.

Heinrich Heine

Viele Menschen versäumen das kleine Glück,
während sie auf das große vergebens warten.

Pearl Sydenstricker Buck

Willst du dich im Glück nicht ausgelassen freun,
im Unglück nicht unmäßig kränken,
so lern so klug wie Eulenspiegel sein:
im Unglück gern ans Glück,
im Glück ans Unglück denken.

Christian Fürchtegott Gellert

Weil man auf dieser Welt mehr Kreuz als Freud erlebt,
und immer in der Irre schwebt,
so denkt ihr wenig nach, indem ihr so verzagt
den Unbestand des Glücks beklagt;
dankt für die Hoffnung doch, ihr Toren dem Geschick:
Der Unbestand ist unser Glück.

Christian Wernicke

Es lässt sich schon das Glück nicht binden,
man hält es fest, so lang es geht.
Doch kann man es auch wiederfinden,
wenn man das Suchen nur versteht.
August Heinrich Hoffmann
von Fallersleben

Versperrt ist mir des Glückes Tor,
ich stehe wie verwaist davor,
vergeblich ist und nutzlos all mein Klopfen.
Könnt wohl ein Wunder größer sein:
Es regnet rechts und links, allein
ich Dürstender bekomme keinen Tropfen.
Walther von der Vogelweide

Zufrieden sein ist große Kunst,
zufrieden scheinen bloßer Dunst,
zufrieden werden großes Glück,
zufrieden bleiben Meisterstück.
Sprichwort

Wo war, wo ist, wo wird sie sein,
die Stunde, wahrem Glück erlesen?
Sie ist nicht und sie wird nicht sein,
denn sie ist immer nur gewesen!
Dass wir glücklich waren,
wissen wir erst,
wenn wir es nimmer sind.
Anastasius Grün

Hebt mich das Glück,
so bin ich froh
und sing dulci jubilo.
Senkt sich das Rad
und quetscht mich nieder,
so denk ich: Nun, es hebt sich wieder!
Johann Wolfgang von Goethe

Das Glück besteht nicht darin,
zu kaufen und dann zu genießen,
sondern nichts zu begehren,
denn es besteht in der Freiheit.
Epiktet

Es reden und träumen die Menschen viel
von besseren künftigen Tagen.
Nach einem glücklichen, goldenen Ziel
sieht man sie rennen und jagen;
die Welt wird alt und wieder jung,
doch der Mensch hofft immer Verbesserung.
Friedrich von Schiller

Der Einsichtige beherrscht sich selbst.
Wer sich selbst beherrscht, bleibt charakterfest.
Wer charakterfest ist, lässt sich nicht aus der Ruhe bringen.
Wer sich nicht aus der Ruhe bringen lässt, kennt keine Traurigkeit.
Wer keine Traurigkeit kennt, ist glücklich.
Mithin ist der Einsichtige glücklich.
Seneca

Wo das Glück zu Hause ist,
da dürfen Blumen lachen, Bäume tanzen,
Bäche klatschen, Wiesen weinen,
Berge hüpfen und Sterne winken …
Adalbert Ludwig Balling

Erfasse das Glück des Lebens
im Fluge: Es kommt nicht zurück.
Omar Chaijam

Willst du glücklich sein im Leben,
trage bei zu andrer Glück.
Denn die Freude, die wir geben,
kehrt ins eigne Herz zurück.
Johann Wolfgang von Goethe

Geflügelt ist das Glück und schwer zu binden,
nur in verschlossner Lade wird's bewahrt;
das Schweigen ist zum Hüter ihm gesetzt,
und rasch entfliegt es, wenn Geschwätzigkeit
voreilig wagt, die Decke zu erheben.
Friedrich von Schiller

Zwischen dem Elend und dem Glücke
gähnt eine breite Kluft;
die Hoffnung schlägt darüber die Brücke,
aber sie hängt in der Luft.
Heinrich Leuthold

Ich begegne lieber einem glücklichen Menschen, als eine Fünf-Pfund-Note zu finden. Ein heiterer Mensch verbreitet gute Laune um sich, und wenn er in ein Zimmer tritt, ist es, als sei ein Licht angezündet worden.

Robert Louis Stevenson

Lass jedes Glück verblühen, wenn dir nur eines bleibt:
die Hoffnung, die am Zweig stets neue Knospen treibt.

Friedrich Rückert

Glücklich, wem die Tage fließen,
wechselnd zwischen Freud und Leid,
zwischen Schaffen und Genießen,
zwischen Welt und Einsamkeit.

Emanuel Geibel

Will das Glück nach seinem Sinn
dir was Gutes schenken,
sage Dank und nimm es hin
ohne viel Bedenken.

Jede Gabe sei begrüßt,
doch vor allen Dingen:
Das, warum du dich bemühst,
möge dir gelingen.

Wilhelm Busch

Das Glück kommt nie allein zur Welt.

George Gordon Noel Byron

Wer glücklich ist, der ist auch gut,
das zeigt auf jedem Schritt sich;
denn wer auf Erden Böses tut,
trägt seine Strafe mit sich.
Friedrich von Bodenstedt

Kommt das Glück,
biete ihm rasch einen Stuhl an.
Jüdisches Sprichwort

Kummer lässt sich allein tragen.
Für das Glück sind
zwei Menschen erforderlich.
Elbert Hubbard

Ein glücklicher Mensch ist ein Kahn,
der unter einem günstigen Wind segelt.
Chinesisches Sprichwort

Große Künstler sind die einzigen Reichen,
welche ihr ganzes Glück mit uns teilen.
August Pauly

Wer sich heiter zu erhalten sucht,
der sorgt nicht bloß für sein Glück,
sondern er übt wirklich eine Tugend.
Wilhelm von Humboldt

Glück entsteht oft durch Aufmerksamkeit in kleinen Dingen,
Unglück oft durch die Vernachlässigung kleiner Dinge.
Wilhelm Busch

Ein Glück, das man nie gekannt, zu entbehren, tut nicht weh,
weh aber, ein Glück zu verlieren, an das man gewöhnt war.
Thukydides

Wir sind nie so glücklich oder unglücklich, wie wir uns einreden.
François La Rochefoucauld

Viele suchen ihr Glück.
wie sie einen Hut suchen,
den sie auf dem Kopfe tragen.
Nikolaus Lenau

Das Glück, kein Reiter wird's erjagen;
es ist nicht dort, es ist nicht hier:
Lern überwinden, lern entsagen,
und ungeahnt erblüht es dir.
Theodor Fontane

Dass andere Leute kein Glück haben,
finden wir sehr leicht natürlich,
dass wir selbst keines haben
immer unfassbar.
Marie von Ebner-Eschenbach

Das Glück lenkt alles zum Vorteil seiner Günstlinge.
François La Rochefoucauld

Es gibt kein unbedingtes und ungetrübtes Glück,
das länger als fünf Minuten dauert.
Theodor Fontane

Ein ungestörtes Glück verlangen,
heißt Mondeslicht mit Netzen fangen,
den Sonnenstrahl mit Ketten fesseln
und Rosen fordern von den Nesseln.
Otto von Leixner

Man hat nur an so viel
Freude und Glück Anspruch,
als man selbst gewährt.
Ernst Freiherr von Feuchtersleben

Ein bescheidenes Glück –
die beste Form des Glückes.
Theodor Fontane

Allzeit fröhlich ist gefährlich,
allzeit traurig ist beschwerlich,
allzeit glücklich ist betrüglich,
eins ums andere ist vergnüglich.
Markgraf Karl von Burgau

Geh! Gehorche meinen Winken.
Nutze deine jungen Tage,
lerne zeitig klüger sein:
Auf des Glückes großer Waage
steht die Zunge selten ein;
du musst steigen oder sinken,
du musst herrschen und gewinnen,
oder dienen und verlieren,
leiden oder triumphieren,
Amboss oder Hammer sein.
Johann Wolfgang von Goethe

Das Glück ist ein Mosaikbild,
das aus lauter unscheinbaren
kleinen Freuden zusammengesetzt ist.
Daniel Spitzer

Der Mensch ist gerade so glücklich,
wie er es nach seinem eigenen Entschluss sein will.
Abraham Lincoln

Glaube nicht, du seist vom Glück gesegnet,
bleibst du trocken, wenn der Himmel regnet.
Wilhelm Müller

Wenn wir glücklich sind, sind wir immer gut.
Aber nicht jeder, der gut ist, ist glücklich.
Oscar Wilde

Eines nur ist Glück hienieden, eins:
Des Innern stiller Frieden und die
schuldbefreite Brust!
Franz Grillparzer

Wir können das Glück verdoppeln,
indem wir es mit anderen teilen.
Ursula Hettich

Glück zu ertragen
ist nicht jedermanns Sache.
Aristoteles

Welch ein Glück, dass es
die einfachen Dinge immer noch gibt,
immer noch Felder, rauschende Bäume
und den Mond am Himmel.
Karl Heinrich Waggerl

Nenn's Glück, Herz, Liebe, Gott!
Gefühl ist alles, Name ist Schall und Rauch.
Johann Wolfgang von Goethe

Wie glücklich würde mancher leben, wenn er sich
um anderer Leute Sachen so wenig bekümmerte
als um seine eigenen.
Georg Christoph Lichtenberg

Es ist schwer, das Glück in uns zu finden,
und es ist ganz unmöglich,
es anderswo zu finden.
Sébastien Roch Nicolas Chamfort

Wer sich über des anderen Glück freut,
dem blüht sein eigenes.
Sprichwort

Jeder ist seines Glückes Schmied.
Sallust

Gott, was ist Glück!
Eine Grießsuppe, eine Schlafstelle
und keine körperlichen Schmerzen –
das ist schon viel.
Theodor Fontane

Liegt dir Gestern klar und offen,
wirkst du heute kräftig frei,
kannst auch auf ein Morgen hoffen,
das nicht minder glücklich sei.
Johann Wolfgang von Goethe

Lass dich von dem Glücke suchen:
Fehlt's den Weg, so mag es fluchen.
Aber suchst du selbst das Glück,
kömmst du fluchend oft zurück.
Wilhelm Müller

Glück und Regenbogen sieht man nicht über
dem eigenen Haus, sondern nur über fremdem.
Sprichwort

Über das Leben

Als mir die Zeit entgegenkam,
erschien sie mir hübsch wundersam
und angenehm und lecker.
Sie ging vorüber, und o weh!
Nun, da ich sie von hinten seh,
bemerk ich ihren Höcker.
Wilhelm Busch

Wie schön, wie schön ist dieses kurze Leben,
wenn es eröffnet alle seine Quellen!
Die Tage gleichen klaren Silberwellen,
die sich mit Macht zu überholen streben.

Was gestern freudig mocht' das Herz erheben,
wir müssen's lächelnd heute rückwärts stellen;
wenn die Erfahrungen des Geistes schwellen,
Erlebnisse gleich Blumen sie durchweben.
Gottfried Keller

Das Leben, das die meisten führen,
zeigt ihnen, bis sie's klar erkennen:
Man kann sich auch an offnen Türen
den Kopf einrennen.
Erich Kästner

Wie die Blätter an dem Baume
sprießen, welken und vergehn,
ach, so wird es unsern Wünschen,
unsern Hoffnungen ergehn.

Wenn sie stehn in voller Grüne,
welken sie und fallen ab,
von des Schicksals Sturm getrieben,
finden sie auch bald ein Grab.

Und kein Blatt bleibt unverschonet,
jedes trifft des Winters Hauch:
Er verweht das Blatt der Rose
und das Blatt des Lorbeers auch.

August Heinrich Hoffmann von Fallersleben

Die größte Gefahr im Leben ist,
dass man oft zu vorsichtig ist.

Alfred Adler

Fange jetzt an zu leben,
und zähle jeden Tag als ein Leben für sich.

Seneca

Die Saat des Lebens halten wir für die Ernte,
den Honigtau an den Ähren für die süße Frucht
und wie Tiere käuen wir die Blüten.

Jean Paul

Es lohnt sich doch

Es lohnt sich doch, ein wenig lieb zu sein
und alles auf das Einfachste zu schrauben.
Und es ist gar nicht Großmut zu verzeihn,
dass andere ganz anders als wir glauben.

Und stimmte es, dass Leidenschaft Natur
bedeutete im Guten und im Bösen,
ist doch ein Knoten im Schnurband nur
mit Ruhe und Geduld aufzulösen.

Joachim Ringelnatz

Du musst das Leben nicht verstehen,
dann wird es werden wie ein Fest.
Und lass dir jeden Tag geschehen
so wie ein Kind im Weitergehen
von jedem Wehen
sich viele Blüten schenken lässt.

Rainer Maria Rilke

Hartnäckig weiter fließt die Zeit:
Die Zukunft wird Vergangenheit.
Von einem großen Reservoir
ins andre rieselt Jahr um Jahr;
und aus den Fluten taucht empor
der Menschen bunt gemischtes Corps.
Sie plätschern, traurig oder munter,
K 'n bissel rum, dann gehen's unter
und werden, ziemlich abgekühlt,
für längre Zeit hinweggespült.

Wilhelm Busch

Weite Welt und breites Leben,
langer Jahre redlich Streben,
stets geforscht und stets gegründet,
nie geschlossen, oft geründet,
ältestes bewahrt mit Treue,
freundlich aufgefasstes Neue,
heitern Sinn und reine Zwecke:
Nun, man kommt wohl eine Strecke!

Johann Wolfgang von Goethe

Ein Tor sorgt für die künft'ge Zeit.
Für heute will ich sorgen.
Wer kennt, mit weiser Gründlichkeit,
den ungewissen Morgen?

Was soll ich hier, so lang ich bin,
mich um die Zukunft kränken?
Ich will mit kummerlosem Sinn
an Wein und Liebe denken.

Gotthold Ephraim Lessing

Wie wenig ist am Ende der Lebensbahn daran gelegen,
was wir erlebten, und wie unendlich viel,
was wir daraus machten.

Wilhelm vom Humboldt

Wer mit dem Leben spielt, kommt nie zurecht;
wer sich nicht selbst befiehlt, bleibt immer Knecht.

Johann Wolfgang von Goethe

Sieh, das ist Lebenskunst:
Vom schweren Wahn
des Lebens
sich befrein,
fein hinzulächeln
übers große Muss.
Christian Morgenstern

Immer rascher fliegt der Funke,
jede Dschunke und Spelunke
wird auf Wissenschaft bereist,
jede Sonne wird gewogen
und in Rechnung selbst gezogen,
was noch sonnenjenseits kreist.

Immer höh're Wissenstempel,
immer richt'ger die Exempel,
wie Natur es draußen treibt,
immer klüger und gescheiter,
und wir kommen doch nicht weiter,
und das Lebensrätsel bleibt.
Theodor Fontane

Das Schlimmste, was uns widerfährt,
das werden wir vom Tag gelehrt.
Wer in dem Gestern Heute sah,
dem geht das Heute nicht allzunah,
und wer im Heute sieht das Morgen,
der wird sich rühren, wird nicht sorgen.
Johann Wolfgang von Goethe

Ein Jahr ist nichts, wenn man's verputzt,
ein Jahr ist viel, wenn man es nutzt.
Ein Jahr ist nichts, wenn man's verflacht,
ein Jahr war viel, wenn man es ganz durchdacht.
Ein Jahr war viel, wenn man es ganz gelebt,
in eigenem Sinn genossen und gestrebt.
Das Jahr war nichts, bei aller Freude tot,
das uns im Innern nicht ein Neues bot.
Das Jahr war viel, in allem Leide reich,
das uns getroffen mit des Geistes Streich.
Ein leeres Jahr war kurz, ein volles lang:
nur nach dem Vollen misst des Lebens Gang.
Ein leeres Jahr ist Wahn, ein volles wahr.
Sei jedem voll dies gute, neue Jahr!

Hanns Freiherr von Gumppenberg

Das Leben besteht nicht aus siebzig Jahren, sondern die siebzig Jahre bestehen aus einem fortwehenden Leben und man hat allemal gelebt und genug gelebt, man sterbe, wann man will.

Jean Paul

So möcht ich leben, dass ich hätte,
wenn ich scheide,
gelebet mir zur Lust
und andern nicht zum Leide.
Friedrich Rückert

Wenn das Leben keine Vision hat,
nach der man sich sehnt,
die man verwirklichen möchte,
dann gibt es auch kein Motiv,
sich anzustrengen.
Erich Fromm

Nur wer die Welt bis auf den Grund zersetzt, dass ihm der Schaum durch arme Finger rann, versteht, was Mensch, was Leben heißt, nur ihm sind aller Freuden Tiefen offenbart.
Christian Morgenstern

Wir sehen es mit viel Verdruss,
was alles man erleben muss;
und doch ist jeder darauf scharf,
dass er noch viel erleben darf.
Wir alle steigen ziemlich heiter
empor auf unsrer Lebensleiter:
Das Gute, das wir gern genossen,
das sind der Leiter feste Sprossen.
Das Schlechte – wir bemerken's kaum –
ist nichts als leerer Zwischenraum.
Eugen Roth

Lebe, wie du, wenn du stirbst,
wünschen wirst, gelebt zu haben.
Christian Fürchtegott Gellert

Es hilft uns kein Gedeutel,
so nimm es, wie es fällt:
Der eine hat den Beutel,
der andre hat das Geld.
Es lässt sich nichts erklopfen:
Der eine hat den Wein,
der andre hat die Pfropfen.
Man muss zufrieden sein!
Theodor Fontane

Wir verlangen, das Leben müsse einen Sinn haben.
Aber es hat nur genauso viel Sinn, wie wir ihm geben.
Hermann Hesse

Wir nehmen die Zukunft voraus,
da sie zu langsam kommt,
gleichsam um ihren Lauf zu beschleunigen.
Und wir rufen die Vergangenheit zurück,
um sie aufzuhalten.
Pascal

Das Leben ist eine Tragödie, in der wir eine Weile als
Zuschauer sitzen und dann unsere Rolle spielen.
Jonathan Swift

Was sind die dichtesten Lebensschranken anders
als ein Rebengeländer zum Reifen der Weinglut?
Jean Paul

Nicht der Mensch hat am meisten gelebt,
welcher die höchsten Jahre zählt, sondern derjenige,
welcher sein Leben am meisten empfunden hat.
Friedrich Rückert

Vergiss, wenn man vom Schönen spricht,
das Leben in der Tiefe nicht!
Hans von Wolzogen-Bayreuth

Was wärst du, Wind,
wenn du nicht Bäume hättest
zu durchbrausen;
was wärst du, Geist,
wenn du nicht Leiber hättest,
drin zu hausen!
All Leben will Widerstand.
All Licht will Trübe.
All Wehen will Stamm und Wand,
dass es sich dran übe.

Es gibt Unterschiede
und soll sie geben.
Nur kein fauler Friede.
Lieber kein Leben.
Christian Morgenstern

Wie ist das Leben reich an Leiden!
Die Freunde sterben oder scheiden;
geboren werden, die uns neiden.

Wie ist das Leben reich an Plage!
Wie wenig sind der guten Tage!
Wann schweigt der Unmut,
wann die Klage?

Wie ist das Leben reich an Zähren!
Oft will das Schicksal nichts gewähren
als nur Verlieren und Entbehren.

O glücklich, wem noch Mut gegeben,
nicht nur zu leben, um zu leben,
auch gut zu sein und frei daneben.

August Heinrich Hoffmann von Fallersleben

Wir halten uns niemals an die Gegenwart.
Beim Leben wird wie beim Montblanc nicht das Hinauf-,
sondern das Heruntersteigen am schwersten, zumal,
weil man statt des Gipfels Abgründe sieht.

Jean Paul

Wie rasch das Leben auch entschlüpfen mag,
es dehnt sich endlos oft ein kurzer Tag.
Das ist der Widerspruch, nicht auszugleichen:
Die Jahre rennen, und die Stunden schleichen.

Oskar Blumenthal

Was die Welt an Lehre mir gegeben,
willst du wissen?
Unser Bestes dürfen wir nicht leben,
weil wir »leben müssen«.
Christian Morgenstern

Das Leben ist schwer, das will Bedacht.
Vor dir besonders nimm dich in acht.
Friedrich Theodor Vischer

Alte Tage klar und rein,
so bunt auch neue sich gestalten,
wir wollen fest an ihnen halten
und ihrer Sonne fröhlich sein.
Cäsar Flaischlen

Wir müssen die Wirklichkeit dem Ideal,
aber nicht dieses jener anpassen.
Jean Paul

Sobald du vertraust, sobald weißt du zu leben.
Johann Wolfgang von Goethe

Die größte Entscheidung deines Lebens liegt darin, dass du dein Leben ändern kannst, indem du deine Geisteshaltung änderst.
Albert Schweitzer

Ach, meine Lieben! Wie oft im Leben wirft uns
das Schicksal seinen tragischen Hut vor die Füße,
und wir mögen tun, was wir wollen, Verdruss gibt's doch.

Wilhelm Busch

Man sieht die Blumen welken und die Blätter fallen,
aber man sieht auch die Früchte reifen und neue Knospen keimen.
Das Leben gehört den Lebendigen an,
und wer lebt, muss auf Wechsel gefasst sein.

Johann Wolfgang von Goethe

Die wichtigste Stunde in unserem Leben ist immer
der gegenwärtige Augenblick;
der bedeutsamste Mensch in unserem Leben ist immer der,
der uns gerade gegenübersteht;
das notwendigste Werk in unserem Leben ist stets die Liebe.

Leo Tolstoi

Zwei mal zwei gleich vier ist Wahrheit.
Schade, dass sie leicht und leer ist,
denn ich wollte lieber Klarheit
über das, was voll und schwer ist.
Achte gut auf diesen Tag,
denn er ist das Leben –
das Leben allen Lebens.
In seinem kurzen Ablauf
liegt alle Wirklichkeit
und Wahrheit des Daseins,
die Wonne des Wachsens,
die Herrlichkeit der Kraft.

Denn das Gestern
ist nichts als ein Traum
und das Morgen nur eine Vision.
Das Heute jedoch – recht gelebt –
macht jedes Gestern
zu einem Traum voller Glück
und das Morgen
zu einer Vision voller Hoffnung.

Darum achte gut auf diesen Tag.
Aus dem Sanskrit

So geht es nun mal auf der Reise hienieden.
Einer nach dem andern steigt aus, und der
Zug saust weiter, bis die Station kommt,
wo man selber aussteigen muss.
Wilhelm Busch

Größres mag sich anderswo begeben,
als bei uns, in unserm kleinen Leben,
neues – hat die Sonne nie gesehen.
Sehn wir doch das Große aller Zeiten
auf den Brettern, die die Welt bedeuten,
sinnvoll, still an uns vorübergehn.
Alles wiederholt sich nur im Leben,
ewig jung ist nur die Fantasie,
was sich nie und nirgends hat begeben,
das allein veraltet nie!
Friedrich von Schiller

Ich bin so dumm nicht, zugegeben:
Die Erd ist rund, – das ist ein Wahn;
Man stoßt ja in dem ird'schen Leben
all' Augenblick woanders an.
Vincenz Ignaz Franz Castelli

Habe keine Angst davor,
dass dein Leben eines Tages endet.
Fürchte mehr, dass du versäumst,
es richtig zu beginnen.
Kardinal Newman

Wach auf! »Dein Ziel ist in Gefahr«.
Du gabst in bunten Träumerei'n
der Einsamkeit, was ihrer war –
nun gib dem Leben auch, was sein.
Christian Morgenstern

Wie ein Traum so ist's vergangen,
wie ein Schatten, Hauch und Schaum –
Traum ist Liebe, Lust, Verlangen
und das Leben selbst ein Traum.
August Heinrich Hoffmann
von Fallersleben

Willst du das Leben recht verstehn,
musst du's nicht bloß von vorn besehn.
Von vorn betrachtet, sieht ein Haus
meist besser als von hinten aus.
Wilhelm Busch

Liebe das Leben, und denk an den Tod!
Tritt, wenn die Stunde da ist, stolz beiseite.
Einmal leben zu müssen,
heißt unser erstes Gebot.
Nur einmal leben zu dürfen,
lautet das zweite.
Erich Kästner

Emsig sucht ich aufzufinden,
was im tiefsten Grunde wurzelt,
lief umher nach allen Winden
und bin oft dabei gepurzelt.

Endlich baut ich eine Hütte.
Still nun zwischen ihren Wänden
sitz ich in der Welten Mitte,
unbekümmert um die Enden.
Wilhelm Busch

Jedem Anfang wohnt ein Zauber inne.
Hermann Hesse

Morgen willst du leben? Armer!
Heute leben, heißt verspätet.
Wer gescheit ist, lebt schon gestern.
Christian Adolph Overbeck

Solange wir nicht ruhevoll gelassen
des Lebens Glück und Ungemach ertragen,
solange werden wir die Welt nicht fassen.
Christian Morgenstern

Je älter man wird,
je hastiger tritt sie einem auf die Hacken,
die Zeit, die so genannte.
Wilhelm Busch

Ewigkeit, wie bist du lang,
länger noch als tausend Jahr;
tausend Jahre brat ich schon,
ach! und ich bin noch nicht gar.

Ewigkeit, wie bist du lang,
länger noch als tausend Jahr;
und der Satan kommt am End,
frisst mich auf mit Haut und Haar.
Heinrich Heine

In allem pulsieren,
an Nichts sich verlieren.
Christian Morgenstern

Lerne loszulassen,
das ist die große Lektion des Lebens.
Julie Schlosser

Ein Plan macht ein Leben unterhaltend,
man mag es lesen oder führen.
Jean Paul

Frühling, Sommer und dahinter
gleich der Herbst und bald der Winter –
ach, verehrteste Mamsell,
mit dem Leben geht es schnell!
Wilhelm Busch

Man steigt den grünen Berg des Lebens hinauf,
um oben auf dem Eisberg zu sterben.
Jean Paul

Der Himmel hat den Menschen
als Gegengewicht gegen die
vielen Mühseligkeiten des Lebens
drei Dinge gegeben:
die Hoffnung, den Schlaf und das Lachen.
Immanuel Kant

Wenn ganz ohne Sorgen die Tage verschweben –
das ist ein hohles, ein halbes Leben.
Doch glücklich ist der begnadete Mann,
der seine Sorgen sich wählen kann.
Oskar Blumenthal

Und ging's auch drüber oder drunter,
wir bleiben unverzagt und munter.
Wilhelm Busch

Lasst uns das Leben genießen,
solange wir es nicht begreifen.
Kurt Tucholsky

Das Geheimnis des Lebens liegt
im Suchen nach Schönheit.
Oscar Wilde

Dem sinkt der Bogen aus der Hand,
der lässt die raschen Pfeile fallen,
der einmal vor des Lebens Wallen
mit aufgeschlossnem Auge stand.
Christian Morgenstern

Leicht zu leben ohne Leichtsinn,
heiter zu sein ohne Ausgelassenheit,
Mut zu haben ohne Übermut –
Das ist die Kunst des Lebens.
Theodor Fontane

Nur Taten geben dem Leben Stärke,
nur Maß ihm Reiz.
Jean Paul

Erst unter Kuss und Spiel und Scherzen
erkennst du ganz, was Leben heißt;
o lerne denken mit dem Herzen
und lerne fühlen mit dem Geist.
Theodor Fontane

Über die Welt

Es kann die Ehre dieser Welt
dir keine Ehre geben.
Was dich in Wahrheit hebt und hält,
muss in dir selber leben.
Theodor Fontane

Wenn der Frühling kommt mit dem Sonnenschein,
dann knospen und blühen die Blümlein auf;
wenn der Mond beginnt seinen Strahlenlauf,
dann schwimmen die Sternlein hintendrein;
Wenn der Sänger zwei süße Äuglein sieht,
dann quellen ihm Lieder aus tiefem Gemüt;–
doch Lieder und Sterne und Blümelein,
und Äuglein und Mondglanz und Sonnenschein,
wie sehr das Zeug auch gefällt,
so macht's doch noch lang keine Welt.
Heinrich Heine

Am End ist doch der Mut das Beste
und etwas Hoffnung, etwas Geld.
Dann wird ein Alltag leicht zum Feste,
dann wird erträglicher die Welt.
*August Heinrich Hoffmann
von Fallersleben*

Bleibe nicht am Boden haften,
frisch gewagt und frisch hinaus!
Kopf und Arm mit heitren Kräften,
überall sind sie zu Haus.
Wo wir uns der Sonne freuen,
sind wir jeder Sorge los.
Dass wir uns in ihr zerstreuen,
darum ist die Welt so groß.
Johann Wolfgang von Goethe

Bau dir eine kleine Welt,
wie's am besten dir gefällt!
Lass beiseit die große, die
selbst sich baut, ich weiß nicht wie,
oder von, ich weiß nicht wem,
baun sich lässt nach dem System
das nicht jedem ist bequem.
Friedrich Rückert

Gib, gib und immer wieder gib der Welt,
und lass sie, was sie mag, dir wiedergeben;
tu alles für, erwarte nichts vom Leben, –
genug, gibt es sich selbst dir zum Entgelt.
Christian Morgenstern

Die Welt ist wie ein Brei. Zieht man den Löffel heraus,
und wär's der größte, gleich klappt die Geschichte
wieder zusammen, als wenn gar nichts passiert wäre.
Wilhelm Busch

Mit dieser Welt ist's keiner Wege richtig;
vergebens bist du brav, vergebens tüchtig,
sie will uns zahm, sie will sogar uns nichtig!
Johann Wolfgang von Goethe

Wir können nie, was um uns lebt und webt,
erstaunt und tief genug betrachten;
denn unser Sinn, zur Flachheit neigend, strebt
zu sehr danach, die Dinge zu missachten.

Indes der Mensch nach Unerhörtem hascht,
erstirbt der feine Sinn ihm für das Kleine,
und was ihn nicht als Wunder überrascht,
das dünkt ihm das Natürliche, Gemeine.

Und doch ist Wunder diese ganze Welt
und nichts in ihr ist einfach und gewöhnlich.
Denn deine Welt und meine – steht und fällt
mit dir, mit mir: Sie ist durchaus persönlich.
Christian Morgenstern

Die Welt ist eine Schlange, und ihre Haut das Jahr;
die neue, wenn sie wechselt, wird wie die alte war.
Ephraim Moses Kuh

Der Optimist erklärt, dass wir in der besten aller
möglichen Welten leben, und der Pessimist fürchtet,
dass dies wahr ist.
James Branch Cabell

Der bessre Mensch tritt in die Welt
mit fröhlichem Vertrauen,
er glaubt, was ihm die Seele schwellt,
auch außer sich zu schauen,
und weiht, von edlem Eifer warm
der Wahrheit seinen treuen Arm.

Doch alles ist so klein, so eng,
hat er es erst erfahren,
da sucht er in dem Weltgedräng
sich selbst nur zu bewahren,
das Herz, in kalter stolzer Ruh,
schließt endlich sich der Liebe zu.

Sie geben, ach! nicht immer Glut,
der Wahrheit helle Strahlen.
Wohl denen, die des Wissens Gut
nicht mit dem Herzen zahlen!
Drum paart, zu euerm schönsten Glück,
mit Schwärmers Ernst des Weltmanns Blick.

Friedrich von Schiller

Die Waage gleicht der großen Welt
das Leichte steigt, das Schwere fällt.
Gotthold Ephraim Lessing

Lebe von der Welt geschieden,
und du lebst mit ihr in Frieden.
Willst du dich mit ihr befassen,
höre, was dir widerfährt!
Du musst lieben oder hassen;
keines ist der Mühe wert.
Friedrich Rückert

Weißt du, was in dieser Welt
mir am meisten wohlgefällt?
Dass die Zeit sich selbst verzehret,
und die Welt nicht ewig währet.
Friedrich von Logau

Wenn du das große Spiel der Welt gesehen,
so kehrst du reicher in dich selbst zurück;
denn wer den Sinn aufs Ganze hält gerichtet,
dem ist der Streit in seiner Brust geschlichtet.
Friedrich von Schiller

Was wir sehen in der Welt, sehen alles wir durch Brillen;
Gut und Böses wird ersehn, wie es vorkommt unsrem Willen.
Friedrich von Logau

Die Welt ist nicht aus Brei und Mus geschaffen,
deswegen haltet euch nicht wie Schlaraffen!
Harte Bissen gibt's zu kauen;
Wir müssen würgen oder sie verdauen.
Johann Wolfgang von Goethe

Auf unser runden Welt geht alles rund herum:
Was ist es Wunder, wenn nichts recht geht, sondern krumm?
Valentin Loeber

Eine neue Welt gestalte,
wenn in Trümmern liegt die alte
ohne Trost und Hoffnungsschein!
Rege dich und schalt und walte!
Neue Lebenskraft entfalte!
Wag es, frei und froh zu sein!

Lerne dulden und ertragen!
Lern im Unglück nicht verzagen!
Wag es, frei und froh zu sein!
Auch in deinen trübsten Tagen
ist ein Glück noch zu erjagen:
Wag es – und die Welt ist dein!
August Heinrich Hoffmann
von Fallersleben

Wenn du an dir nicht Freude hast,
die Welt wird dir nicht Freude machen.
Paul Heyse

Freude heißt die starke Feder
in der ewigen Natur.
Freude, Freude treibt die Räder
in der großen Weltenuhr.
Blumen lockt sie aus den Keimen,
Sonnen aus dem Firmament,
Sphären rollt sie in den Räumen,
die des Sehers Rohr nicht kennt.
Froh, wie seine Sonnen fliegen
durch des Himmels prächt'gen Plan,
wandelt, Brüder, eure Bahn,
freudig wie ein Held zum Siegen.

Friedrich von Schiller

Solange Herz und Auge offen,
um sich am Schönen zu erfreun,
so lange, darf man freudig hoffen,
wird auch die Welt vorhanden sein.

Wilhelm Busch

Halt dein Rösslein nur im Zügel,
kommst ja doch nicht allzuweit.
Hinter jedem neuen Hügel
dehnt sich die Unendlichkeit.

Nenne niemand dumm und säumig,
der das Nächste recht bedenkt.
Ach, die Welt ist so geräumig –
und der Kopf ist so beschränkt.
Wilhelm Busch

Man sollte die Welt so nehmen,
wie sie ist, aber nicht so lassen.
Ignazio Silone

Also hat es dir gefallen
hier in dieser schönen Welt,
sodass das Vondannenwallen
dir nicht sonderlich gefällt.

Lass dich das doch nicht verdrießen.
Wenn du wirklich willst und meinst,
wirst du wieder aufersprießen;
nur nicht ganz genau wie einst.

Aber, Alter, das bedenke,
dass es hier doch manches gibt,
zum Exempel Gicht und Ränke,
was im ganzen unbeliebt.
Wilhelm Busch

Man ist ja von Natur kein Engel,
vielmehr ein Welt- und Menschenkind,
und rings umher ist ein Gedrängel
von solchen, die dasselbe sind.
Wilhelm Busch

Bau dein Nest,
weil der Frühling währet,
luftig bau's in die Welt hinein.
Wagen gewinnt,
Schwäche zerrinnt.
Wage! Dulde! Die Welt ist dein.
Ernst Moritz Arndt

Nichts ist trostloser als ein Humor,
den man aus Humorlosem kitzelt.
Die Welt ward zu Tode gewitzelt
und trister denn je zuvor.
Christian Morgenstern

Wissen heißt, die Welt verstehen;
Wissen lehrt verrauschter Zeiten
Und der Stunde, die da flattert,
wunderliche Zeichen deuten.
Und da sich die neuen Tage
Aus dem Schutt der alten bauen,
kann ein ungetrübtes Auge
rückwärts blickend vorwärts schauen.
Friedrich Wilhelm Weber

Fertig bin ich allenfalls
mit der Welt nun hier auf Erden,
und nichts bleibt mir übrig, als
fertig mit mir selbst zu werden.
Friedrich Rückert

Kein Harren gilt noch Hoffen!
Frisch vorwärts! unverzagt!
Mir steht die Welt noch offen:
Wohlan, es sei gewagt!

Und wird's auch nie errungen,
wonach mein Geist gestrebt,
so hab ich doch gesungen,
geliebet und gelebt.
*August Heinrich Hoffmann
von Fallersleben*

Versuch's und übertreib's einmal,
gleich ist die Welt von dir entzückt.
Das Grenzenlose heißt genial,
wär's auch nur grenzenlos verrückt.
Paul Heyse

Nicht das Schönste auf der Welt
soll dir am meisten gefallen,
sondern was dir wohlgefällt,
sei dir das Schönste von allem!
Friedrich Rückert

Die Welt, obgleich sie wunderlich,
ist gut genug für dich und mich!
Wilhelm Busch

Ein jeder kriegt, ein jeder nimmt
in dieser Welt, was ihm bestimmt.
Wilhelm Busch

Das ist's, warum sich's leben lässt:
trotz alledem auf dieser Erden:
Die ganze Welt ist nur ein Nest,
doch jedes Nest kann eine Welt dir werden.
Paul Heyse

Die Welt ist ein wunderschönes Buch.
Doch sie ist von geringem Nutzen
für den, der nicht lesen kann.
Carlo Goldoni

Frieden im Gemüte,
das Leben sonnig erhellt:
Wahre Herzensgüte
überwindet die Welt.
Joseph Victor von Scheffel

Einszweidrei, im Sauseschritt
läuft die Zeit; wir laufen mit.
Wilhelm Busch

Über den Menschen

Was viele singen und sagen,
das müssen wir eben ertragen!
Ihr Guten – Großer und Kleiner, –
ihr singt euch müde und matt;
und singt doch keiner,
als was er zu sagen hat.
Johann Wolfgang von Goethe

Leider versagen die Meisten nur darum so viel, weil sie entweder fürchten oder wünschen, nachher zu viel zu geben.
Jean Paul

Wie dunkel ist der Lebenspfad,
den wir zu wandeln pflegen.
Wie gut ist da ein Apparat
zum Denken und Erwägen.
Der Menschenkopf ist voller List
und voll der schönsten Kniffe;
er weiß, wo was zu kriegen ist,
und lehrt die rechten Griffe.
Und weil er sich so nützlich macht,
behält ihn jeder gerne.
Wer stehlen will, und zwar bei Nacht,
braucht eine Diebslaterne.
Wilhelm Busch

Es kann kein Mensch dem andern
etwas vollkommen recht machen,
aber dankbar kann man doch sein.
Und Dank ist ein Boden, auf dem
die Freude gedeiht.
Berthold Auerbach

Wie nun mal die Dinge liegen
und auch wenn es uns missfällt:
Menschen sind wie Eintagsfliegen
an den Fenstern dieser Welt.

Unterschiede sind fast keine,
und was wär auch schon dabei!
Nur, die Fliege hat sechs Beine,
und der Mensch hat höchstens zwei.
Erich Kästner

»Ach, wenn die Tage je mir wiederkehrten,
die nutzlos mir entschwunden sind!« –
Du würdest, töricht' Menschenkind,
nur anders, doch kaum besser sie verwerten.
Friedrich Halm

Ein Träumer lebt stets vom kommenden Tag,
und kommt das Glück, so steht er verdrossen;
denn was er auch gewinnen mag –
er hat alles im voraus genossen.
Ludwig Pfau

Tiefsinnig untersucht der Mann,
warum sein Ich was wissen kann?
Viel nützlicher wär ihm sein Fleiß,
fragt er sich, ob sein Ich was weiß?
Abraham Gotthelf Kästner

Nichts ist dem Menschen so schwer zu tragen,
als eine Last von guten Tagen.
Wilhelm Müller

Tiere können genießen,
aber nur Menschen können heiter sein.
Jean Paul

Wer alles ernst nimmt, was Menschen sagen,
darf sich nicht über Menschen beklagen.
Alles Reden ist meist nur Gered.
Weiß man erst, was dahinter steht,
lässt mans klappern wie die Mühlen am Bach
und geht stillfein in sein eigen Gemach.
Christian Morgenstern

Stets voll von Furcht und Angst und lauter Kummer,
gönnt er sich keinen frohen Augenblick,
er weiß von keiner Ruhe, keinem Schlummer,
und selbst das Glück dünkt ihm ein Missgeschick.
*August Heinrich Hoffmann
von Fallersleben*

Du magst dich drehn und wenden wie du willst,
du wirst erkannt und das ist dein Gericht,
und wenn nur einer dich erkennt, – genug.
So mancher sieht sich vor sein Leben lang,
verwischt die Spur, verschleiert Wort und Blick,
allein, du bist nur immer Einer, Mensch,
dein Kleines liegt nicht hier, dein Großes dort,
und wie sich's mischt – auch ohne, dass du's weißt,
so bist du und so wirst du einst erkannt.

Christian Morgenstern

Mensch mit traurigem Gesichte,
sprich nicht nur von Leid und Streit,
selbst in Brehms Naturgeschichte
findet sich Barmherzigkeit.

Wilhelm Busch

Es lebt kein Mensch, der herzlos wäre,
nur schlägt's dem dort und jenem hier;
für Vorteil diesem, dem für Ehre
und dem für Wurst und bayrisch Bier!

Friedrich Halm

Ach, was soll der Mensch verlangen?
Ist es besser, ruhig bleiben?
Klammernd fest sich anzuhangen?
Ist es besser, sich zu treiben?

Soll er sich ein Häuschen bauen?
Soll er unter Zelten leben?
Soll er auf die Felsen trauen?
Selbst die festen Felsen beben.

Eines schickt sich nicht für alle!
Sehe jeder, wie er's treibe,
sehe jeder, wo er bleibe,
und wer steht, dass er nicht falle!

Johann Wolfgang von Goethe

Dass ihr euch selbst nicht erkennt,
das scheint euch so sehr zu bekümmern;
Menschen, ihr lebt nur dadurch,
dass ihr nicht wisst, was ihr seid!

Friedrich Hebbel

Unbemerkt durchs Leben schleichen,
wandeln still im Musenhain,
gehen im Mittagssonnenschein
unter Palmen oder Eichen,
keinen Herzensforscher scheun
und mit sich zufrieden sein,
hilft den höchsten Zweck erreichen!

Johann Wilhelm Ludwig Gleim

Richte nie den Wert des Menschen
Schnell nach einer kurzen Stunde.
Oben sind bewegte Wellen,
doch die Perle liegt am Grunde.
Otto von Leixner

Der Lebenslauf der Menschen gleicht
meist mittelmäßigen Gedichten;
genügt dir auch die Form vielleicht,
auf Poesie musst du verzichten.
Friedrich Halm

Das sind die Weisen,
die durch Irrtum zur Wahrheit reisen.
Die bei dem Irrtum verharren,
das sind die Narren.
Friedrich Rückert

Unter all meinen Freunden und Weggenossen
fand ich noch jeden froh entschlossen,
des andern Weisheit zu verlachen
und seine Torheit – nachzumachen.
Oskar Blumenthal

Kein Ding sieht so aus, wie es ist.
Am wenigsten der Mensch,
dieser lederne Sack voller Kniffe und Pfiffe.
Wilhelm Busch

's ist eben manchen Leuten eigen,
daß ihnen Schlichtes nicht gerät;
sie müssen immer ins Fenster steigen,
auch wenn die Haustür offen steht.
Emanuel Geibel

Der große Mann eilt seiner Zeit voraus,
der kluge kommt ihr nach auf allen Wegen,
der Schlaukopf beutet sie gehörig aus,
der Dummkopf stellt sich ihr entgegen.
Eduard von Bauernfeld

Der Mensch, der in die Zukunft springt,
der geht zugrunde.
Und ob der Sprung missglückt, ob er gelingt,
der Mensch, der springt, geht vor die Hunde.
Erich Kästner

Wir sind gleichzeitig Zuschauer und Schauspieler
im großen Drama des Seins.
Niels Bohr

Es hasst der Mensch gar oft am meisten das,
was, wär er ehrlich, er bewundern müsste.
Adolf Hahn

Freunde, nur Mut!
Lächelt und sprecht:
»Die Menschen sind gut,
bloß die Leute sind schlecht.«
Erich Kästner

Ein Grund nur findet sich, einer,
bei Menschen auszuharren:
Die Zahl der Verbrecher ist kleiner,
als die der Narren.
Heinrich Leuthold

Wie die Welt um ihre Achse, dreht der Mensch sich um sein Ich.
Jene kreist auch um die Sonne Mensch, die Sonne kreist um dich!
Wilhelm Müller

Dass du nicht Menschen liebst, das tust du recht und wohl,
die Menschheit ist's, die man im Menschen lieben soll.
Angelus Silesius

Seine Meinung ist die rechte,
wenn er spricht, müsst ihr verstummen,
sonst erklärt er euch für Schlechte,
oder nennt euch gar die Dummen–

Leider sind dergleichen Strolche
keine seltene Erscheinung.
Wer nicht taub, der meidet solche
Ritter von der eignen Meinung.
Wilhelm Busch

Wenn es dem Dummen geglückt,
dann sieht man in ihm den Gescheiten;
und wenn das Glück ihn verlässt,
gilt der Gescheite für dumm!
August Heinrich Hoffmann
von Fallersleben

Verständige Leute kannst du irren sehn,
in Sachen nämlich, die sie nicht verstehn.
Johann Wolfgang von Goethe

Ein Mensch in seinem ersten Zorn
wirft leicht die Flinte in das Korn,
und wenn ihm dann der Zorn verfliegt,
die Flinte wo im Korne liegt.
Der Mensch bedarf dann mancher Finte,
zu kriegen eine neue Flinte.
Eugen Roth

Ein guter Mensch gibt gerne Acht,
ob auch der andre was Böses macht;
und strebt durch häufige Belehrung
nach seiner Bessrung und Bekehrung.
Sein Prinzip ist überhaupt:
Was beliebt ist auch erlaubt;
denn der Mensch als Kreatur
hat von Rücksicht keine Spur.

Wilhelm Busch

Das ist ein Jagen auf dieser Erden
nach Rang und Würden und gleißendem Schein …
im hitzigen Fieber, etwas zu werden,
versäumen die Toren, etwas zu sein.

Oskar Blumenthal

Was der Mensch auch gewinne,
er muss es zu teuer bezahlen,
wär es auch nur mit der Furcht,
ob er's nicht wieder verliert.

Friedrich Hebbel

Wir stolze Menschenkinder
sind eitel arme Sünder
und wissen gar nicht viel;
wir spinnen Luftgespinste
und suchen viele Künste
und kommen weiter von dem Ziel.

Matthias Claudius

Die Tugend will nicht immer passen,
Im Ganzen lässt sie etwas kalt,
und dass man eine unterlassen,
vergisst man bald.

Doch schmerzlich denkt manch alter Knaster,
der von vergangnen Zeiten träumt,
an die Gelegenheit zum Laster,
die er versäumt.

Wilhelm Busch

Stets reißt uns hin, was Andre meinen,
der Klügste steht nicht gern allein,
und um kein Sonderling zu scheinen,
bequemt er sich, ein Tor zu sein.

Samuel Gottlieb Bürde

Über das Herz zu siegen ist groß,
ich verehre den Tapferen,
aber wer durch sein Herz siegt,
der gilt mir noch mehr.

Friedrich von Schiller

Er konnt' nie über etwas lachen.
Wie kann ein Mann so tief verflachen!
Wer sich nicht selbst verspotten kann,
der ist fürwahr kein ernster Mann.

Christian Morgenstern

Mein Kind, es sind allhier die Dinge,
gleichviel, ob große, ob geringe,
im wesentlichen so verpackt,
dass man sie nicht wie Nüsse knackt.

Wie wolltest du dich unterwinden,
kurzweg die Menschen zu ergründen.
Du kennst sie nur von außenwärts.
Du siehst die Weste, nicht das Herz.

Wilhelm Busch

Die Menschen, die nach Ruhe suchen,
die finden Ruhe nimmermehr,
weil sie die Ruhe, die sie suchen,
in Eile jagen vor sich her.

Wilhelm Müller

Ein armer Mann –
der nicht selber lachen kann.
Christian Morgenstern

Neiden und geneidet werden
ist das meiste Tun auf Erden.
Friedrich von Logau

Ein Mensch, der Ideale hat,
der hüte sich, sie zu erreichen.
Sonst wird er eines Tages statt
sich selber andren Menschen gleichen.
Erich Kästner

Wenn andre klüger sind als wir,
das macht uns selten nur Pläsier,
doch die Gewissheit, daß sie dümmer,
erfreut fast immer.
Wilhelm Busch

Nur wer den Menschen liebt, wird ihn verstehn,
wer ihn verachtet, ihn nicht einmal – sehn.
Christian Morgenstern

Gebt dem Menschen das Bewusstsein dessen, was er ist,
und er wird bald auch lernen zu sein, was er soll.
Friedrich Schelling

Wie vergoldet und bemalt sich der Mensch so lange schon,
und noch immer guckt er durch, Vater Adams alter Ton.
Wilhelm Müller

Du staunst, dass zu gegebner Frist,
du dies getan, das unterlassen?
Das heißt wohl, wenn wir's recht erfassen,
dich wundert's, dass du selber bist!
Friedrich Halm

Nicht das Zeitliche, sondern das Ewige
bestimmt die Würde des Menschen.
Jean Paul

Ein Mensch sagt – und ist stolz darauf –
er geh in seinen Pflichten auf.
Bald aber, nicht mehr ganz so munter,
geht er in seinen Pflichten unter.
Eugen Roth

Wirst du deinesgleichen kennen lernen,
so wirst du dich gleich wieder entfernen.
Johann Wolfgang von Goethe

Wie klein ist das, was einer ist,
wenn man's mit seinem Dünkel misst.
Wilhelm Busch

Wie sorglich blickt das Aug umher,
wie freut man sich, wenn der und der
noch nicht versunken oder matt,
den Kopf vergnügt heroben hat.
Wilhelm Busch

Der Glaube bringt den Menschen zu Gott,
die Liebe bringt ihn zu den Menschen.
Martin Luther

Der Mensch muss das Gute und Große wollen.
Das Übrige hängt vom Schicksal ab.
Alexander von Humboldt

GUTE RATSCHLÄGE

Schau prüfend deckenwärts!
Die Nähe des möglichen Schadens
liegt nicht in der Schärfe des Schwerts,
vielmehr in der Dünne des Fadens.
Erich Kästner

Zürnt, Freunde, nicht, wenn Spötter euch verlachen,
erwidert lächelnd ihren Spott, und wisst:
Der Spötter Witz kann nichts verächtlich machen,
was wirklich nicht verächtlich ist.
Friedrich von Bodenstedt

Wenn du erkennen willst den Ruhm in seiner Blöße,
vergleich am Himmel ihn mit Sternen erster Größe!
Die letzter Größe, sind sie etwa minder groß?
Sie scheinen kleiner dir durch ihre Höhe bloß.
Drum lächle, rückt man dich zum letzten Range nieder,
und rückt man dich empor zum ersten, lächle wieder!
Friedrich Rückert

Einsam lerne zu sein, denn du weißt nicht, wie früh dich im Leben
heißet Gewissen und Pflicht wandeln und handeln allein.
August Heinrich Hoffmann
von Fallersleben

Ein gutes Ding ist guter Rat,
am rechten Ort zur rechten Zeit,
doch merke dir, es ist dabei
zu merken eine Heimlichkeit.
Und weißt du welche? Staune nur! –
Ein guter Rat hilft – weißt du wann?
Wenn du ihm folgst! – Das wusstest du
wohl schon; denk' nur daran.

Friedrich Wilhelm Weber

Sage nie: Dann soll's geschehen!
Öffne dir ein Hinterpförtchen
durch »Vielleicht«, das nette Wörtchen,
oder sag: Ich will mal sehen!

Denk an des Geschickes Walten.
Wie die Schiffer auf den Plänen
ihrer Fahrten stets erwähnen:
Wind und Wetter vorbehalten!

Wilhelm Busch

Willst du, o Herz! ein gutes Ziel erreichen,
musst du in eigner Angel schwebend ruhn;
Ein Tor versucht zu gehen in fremden Schuhn,
nur mit sich selbst kann sich der Mann vergleichen!

Tu frei und offen, was du nicht willst lassen,
doch wandle streng auf selbstbeschränkten Wegen
und lerne früh nur deine Fehler hassen!

Gottfried Keller

Achte stets auf deine Gedanken, sie werden zu Worten.
Achte auf deine Worte, sie werden zu Handlungen.
Achte auf deine Handlungen, sie werden zu Gewohnheiten.
Achte auf deine Gewohnheiten, sie werden zu Charaktereigenschaften.
Achte auf deinen Charakter, er wird dein Schicksal.
Unbekannter Dichter

Such alles, was du machst, aufs beste nur zu machen;
was aber, fragst du, ist die beste Art der Sachen?
Ist etwas gut genug, so lass es fein dabei,
und frage nicht, ob es noch besser möglich sei.
Friedrich Rückert

Sieh nicht, was andre tun,
der andern sind so viel,
du kommst nur in ein Spiel,
das nimmermehr wird ruhn.

Geh einfach Gottes Pfad,
lass nichts sonst Führer sein,
so gehst du recht und grad,
und gingst du ganz allein.
Christian Morgenstern

Alles ist von Wichtigkeit,
alles ist nicht gar so wichtig.
Nur die rechte Sichtigkeit,
und du wandelst richtig.
Christian Morgenstern

»Zum Ruhme gibt's der Pfade viel; allein
schwer ist die Wahl. Sprich, welchen soll ich wählen?«
Freund, schlage nur den Weg der Tugend ein,
so wird es sicher dir an Nebenbuhlern fehlen.

Karl Müchler

Auch aus Steinen, die dir in den Weg gelegt werden,
kannst du etwas Schönes bauen.

Erich Kästner

Nie versäume des Augenblicks Gunst und Gelegenheit:
Was er heute geboten, beut er dir morgen nicht mehr.

Friedrich von Bodenstedt

Halte dir jeden Tag dreißig Minuten für deine Sorgen frei,
und in dieser Zeit mache ein Nickerchen.

Abraham Lincoln

Mensch mit zugeknöpften Taschen,
dir tut keiner was zulieb.
Hand wird nur von Hand gewaschen,
wenn du nehmen willst, dann gib!
Johann Wolfgang von Goethe

Frage nicht, was das Geschick
morgen wird beschließen;
unser ist der Augenblick,
lass uns den genießen!
Friedrich Rückert

Spare deine guten Lehren
Für den eigenen Genuss.
Kaum auch wirst du den bekehren,
zeigst du, wie man's machen muss.

Lass ihn im Galoppe tollen,
reite du ruhig deinen Trab.
Ein zu ungestümes Wollen
wirft von selbst den Reiter ab.
Wilhelm Busch

Wenn du ein Schiff bauen willst,
dann rufe nicht die Menschen zusammen,
um Holz zu sammeln, Aufgaben zu verteilen
und die Arbeit einzuteilen, sondern lehre sie
die Sehnsucht nach dem großen, weiten Meer.
Antoine de Saint-Exupéry

Du sollst von neuem wagen,
sollst wissen, wer du bist!
Das ist ein eitles Klagen,
wenn man so jung noch ist.

Du sollst dir selbst vertrauen,
sollst wissen, wer du bist.
Der hat das beste Bauen,
wer selbst der Meister ist.

Du sollst dich selber trösten,
sollst wissen, wer du bist.
Die Schmerzen sind die größten,
wenn man sich selbst vergisst.
August Heinrich Hoffmann von Fallersleben

»**W**as du nicht willst, das man dir tu',
das füg auch keinem andern zu!«
Lass die Gesinnung merklich sein,
so ist der halbe Sieg schon dein.
Zu diesem Wort lacht manch ein Schuft,
der sich auf den Erfolg beruft;
doch du erlebst, dass er wird wandern,
's trifft eben einen nach dem andern!
Gottfried Keller

Man muss das Unmögliche versuchen,
um das Mögliche zu erreichen.
Hermann Hesse

Heute sorget ihr für morgen, morgen für die Ewigkeit.
Ich will heut' für heute sorgen. Morgen ist für morgen Zeit.
Franz Grillparzer

Lass auf dich etwas rechten Eindruck machen,
so wirst du schnell den rechten Ausdruck finden;
und kannst du nur den rechten Ausdruck finden,
so wirst du schnell den rechten Eindruck machen.
Friedrich Rückert

Handle stets so, dass die Maxime deines Willens
zugleich als Prinzip einer allgemeinen
Gesetzgebung gelten könnte.
Immanuel Kant

Hab Sonne im Herzen,
ob's stürmt oder schneit,
ob der Himmel voll Wolken,
die Erde voll Streit!
Hab Sonne im Herzen,
dann komme, was mag;
das leuchtet voll Licht dir
den dunkelsten Tag.
Cäsar Flaischlen

Wenn du wirklich etwas willst,
werden alle Märchen wahr.
Theodor Herzl

Aufsteigend musst du dich bemühen,
doch ohne Mühe sinkest du.
Der liebe Gott muss immer ziehen,
dem Teufel fällt's von selber zu.
Wilhelm Busch

Reich' immer froh dem Morgen,
o Jugend, deine Hand!
Die Alten mit den Sorgen
lass auch bestehn im Land!

Ergründe kühn das Leben,
vergiss nicht in der Zeit,
dass mit verborgnen Stäben
misst die Unendlichkeit!
Gottfried Keller

Sobald jemand in einer Sache Meister geworden ist,
sollte er in einer neuen Sache Schüler werden.
Gerhart Hauptmann

Das negative Denken ist das verantwortliche Übel
für den Verschleiß deiner seelischen Energien.
N. V. Peale

Mäßige deinen Zorn; es fallen die Funken des Zornes
erst auf dich; auf den Feind, wenn sie ja treffen, zuletzt.
Johann Gottfried Herder

Sammle dich in jeglichem Geschäfte,
nie zersplittre deine Kräfte,
teilnahmsvoll erschließe Herz und Sinn,
dass du freundlich andern dich verbindest.
Doch nur da gib ganz dich hin,
wo du dich ganz wiederfindest.
Friedrich von Bodenstedt

Wenn es dir übel geht, nimm es für gut nur immer;
wenn du es übel nimmst, so geht es dir noch schlimmer.
Friedrich Rückert

Die Zeit ist wie ein Bild von Mosaik,
zu nah beschaut verwirrt es nur den Blick;
willst du des Ganzen Art und Sinn verstehn,
so mußt du's, Freund, aus rechter Ferne sehn.
Emanuel Geibel

Drum lasst uns streben, immer frei zu sein
in allem unsern Denken, unsern Tun,
damit wir werden gegen uns gerecht.
Wenn wir's dann gegen uns geworden sind,
ob's andre sind, das ist dann völlig gleich.
August Heinrich Hoffmann
von Fallersleben

Betrachtet eurer Gegner Schwächen
und lernt, am besten euch zu rächen,
das eigne Unkraut auszustechen!
Gottfried Keller

Vor einem hüte deinen Geist
als wie vor Natterbisse:
Sei ganz, und ob du Teufel seist,
und lass die Kompromisse.
Christian Morgenstern

Unaufhaltsam enteilet die Zeit,
sie sucht das Beständige.
Sei getreu und du legst
ewige Fesseln ihr an!
Friedrich von Schiller

Trost gibt es nicht im Allgemeinen;
ein jeder suche sich den seinen.
Ernst von Feuchtersleben

Verfahre ruhig, still,
brauchst dich nicht anzupassen;
nur wer was gelten will
muss andre gelten lassen.
Johann Wolfgang von Goethe

Mag dir dies und das geschehn,
lerne still darüber stehn,
sieh dir selber schweigend zu,
bis das wilde Herz in Ruh,
bis, so fest, es, angeblickt,
sein gewahr wird – und erschrickt.
Christian Morgenstern

Ach, was wollt ihr trüben Sinnen
doch beginnen!
Traurigsein hebt keine Not,
es verzehret nur die Herzen,
nicht die Schmerzen,
und ist ärger als der Tod.

Auf, o Seele! Du musst lernen,
ohne Sternen,
wenn das Wetter tobt und bricht,
wenn der Nächte schwarze Decken
uns erschrecken,
dir zu sein dein eigen Licht.
Christian Hofmann
von Hofmannswaldau

Lüge, wie sie schlau sich hüte,
bricht am Ende stets das Bein;
kannst du wahr sein nicht aus Güte,
lern aus Klugheit wahr zu sein.
Emanuel Geibel

Einem trauen ist genug;
keinem trauen ist nicht klug;
doch ists besser keinem trauen,
als auf gar zu viele bauen.
Friedrich von Logau

Kannst dem Schicksal widerstehen,
aber manchmal gibt es Schläge;
wills nicht aus dem Wege gehen,
ei! so geh du aus dem Wege!
Johann Wolfgang von Goethe

Vergiss in keinem Falle,
auch dann nicht, wenn vieles misslingt:

Die Gescheiten werden nicht alle!
(So unwahrscheinlich das klingt.)
Erich Kästner

Und soll es sein, und muss es sein,
da hilft kein Zieren oder Flennen:
Greif' in die Nesseln frisch hinein,
so werden sie dich nicht brennen.
Friedrich Wilhelm Weber

Wonach du sehnlich ausgeschaut,
es wurde dir beschieden.
Du triumphierst und jubelst laut:
Jetzt hab ich endlich Frieden!

Ach, Freundchen, rede nicht so wild,
bezähme deine Zunge!
Ein jeder Wunsch, wenn er erfüllt,
kriegt augenblicklich Junge.
Wilhelm Busch

Du sehnst dich, weit hinaus zu wandern,
bereitest dich zum raschen Flug.
So sei dir treu und treu den andern,
dann ist die Enge weit genug.
Johann Wolfgang von Goethe

Freund, so du etwas bist,
so bleib doch ja nicht stehen!
Man muss aus einem Licht
fort in das andre gehen.
Angelus Silesius

Das flücht'ge Lob, des Tages Ruhm
magst du dem Eitlen gönnen;
das aber sei dein Heiligtum:
Vor dir bestehen können.
Theodor Fontane

Was auch immer geschieht:
Sorge nicht um das, was kommen wird,
weine nicht um das, was vergeht.
Aber sorge, dich selbst nicht zu verlieren.
Friedrich Schleiermacher

Sei schlicht und wahr,
blick der Gefahr
frei ins Gesicht;
fürchte dich nicht!
Adolf Hahn

Füge dich der Zeit,
erfülle deinen Platz
und räum ihn auch getrost:
Es fehlt nicht an Ersatz.
Friedrich Rückert

Durchschweife frei das Weltgebiet,
willst du die Heimat recht verstehn.
Wer niemals außer sich geriet,
wird niemals gründlich in sich gehn.
Paul Heyse

Von vorne flieh' ein schön Gesicht;
von hinten trau dem Maultier nicht;
vermeide neben dir den Karren;
von allen Seiten flieh die Narren.–
Ludwig Heinrich von Nicolay

Weißt du, worin der Spaß des Lebens liegt?
Sei lustig! – geht es nicht, so sei vergnügt.
Johann Wolfgang von Goethe

Um andre leichter zu ertragen,
musst du dir sagen,
dass du selbst nicht zu jeder Frist
andern leicht zu ertragen bist.
Friedrich Rückert

Was auch immer geschieht:
Nie dürft ihr so tief sinken,
von dem Kakao, durch den man euch zieht,
auch noch zu trinken!
Erich Kästner

Sei heiter!
Es ist gescheiter
als alles Gegrübel.
Gott hilft weiter;
zur Himmelsleiter
werden die Übel.
Theodor Fontane

Feiger Gedanken
bängliches Schwanken,
weibisches Zagen,
ängstliches Klagen
wendet kein Elend,
macht dich nicht frei.
Allen Gewalten
zum Trutz sich erhalten,
nimmer sich beugen,
kräftig sich zeigen,
rufet die Arme
der Götter herbei.
Johann Wolfgang von Goethe

Schaue vorwärts, nicht zurück,
neuer Mut ist Lebensglück!
Johann Gottfried Herder

Mach es wie die Sonnenuhr,
zähl die heitren Stunden nur!
Sprichwort

Willst du klug durchs Leben wandern,
prüfe andre, doch auch dich!
Jeder täuscht gar gern den andern,
doch am liebsten jeder sich.
Friedrich von Bodenstedt

Willst du Großes, lass das Zagen,
tu's nach kühner Schwimmer Brauch!
Rüstig gilt's, die Flut zu schlagen,
doch es trägt die Flut dich auch.
Emanuel Geibel

Du sagst, du habest keine Zeit;
nimmst du sie nicht, du hast sie nie.
Die Zeit ist allezeit bereit,
nimm du sie nur, so hast du sie.
Friedrich Wilhelm Weber

Werde, was du noch nicht bist,
bleibe, was du jetzt schon bist;
in diesem Bleiben und diesem Werden
liegt alles Schöne hier auf Erden.
Franz Grillparzer

Gesell dich einem Besseren zu,
dass mit ihm deine Kräfte ringen.
Wer selbst nicht weiter ist als du,
der kann dich auch nicht weiterbringen.
Friedrich Rückert

Bau nicht zu sehr auf Worte stolz,
selbst von den nett'sten Kerlen;
versprechen klingt wie Eichenholz,
das Halten ist von Erlen.
Wilhelm Busch

Lernt, dass man still sein soll
wenn man im Herzen Groll hat.
Man nimmt den Mund nicht voll,
wenn man die Schnauze voll hat.
Erich Kästner

Hast du Verstand und ein Herz,
so zeige nur eines von beiden;
beides verdammen sie dir,
zeigest du beides zugleich.
Friedrich Hölderlin

Tu still dein Werk und gib der Welt
allein von deinem Frieden,
und hab dein Sach auf nichts gestellt
und niemanden hienieden.
Christian Morgenstern

TREFFENDE WORTE

Der Mensch, durchtrieben und gescheit.
Bemerkte schon seit alter Zeit,
dass ihm hienieden allerlei
verdrießlich und zuwider sei.
Die Freude flieht auf allen Wegen;
der Ärger kommt uns gern entgegen.
Wilhelm Busch

Der Reifen eines Rades wird von den Speichen gehalten.
Doch das Leere darin ist das Sinnvolle beim Gebrauch.

Aus nassem Ton werden Gefäße geformt.
Jedoch die Leere darin ermöglicht erst das Füllen der Krüge.

Aus Mauern, durchbrochen von Türen und Fenstern, baut man ein Haus.
Aber der Leerraum, das Nichts macht es erst bewohnbar.

So ist das Sichtbare zwar von Nutzen,
doch das Wesentliche bleibt unsichtbar.
Laotse

Die große Schuld des Menschen ist,
dass er jeden Tag zur Umkehr fähig ist,
und es nicht tut.
Albert Schweitzer

Der eine möchte nicht sehen,
was der andre nicht sieht.
Alles könnte geschehen.
Aber nur manches geschieht.
Erich Kästner

Freiheit ist kein käuflich Gericht;
man hat sie oder man hat sie nicht.
Und wer sie hat, wer wirklich »frei«,
hat noch ein kleines Lächeln dabei.
Christian Morgenstern

Alle Stärke liegt innen, nicht außen.
Jean Paul

Wenn ich so viele Dinge erreicht habe, so liegt es daran,
dass ich immer nur eine Sache zur gleichen Zeit wollte.
William Pitt

Erlösung kommt von innen, nicht von außen,
und wird erworben nur und nicht geschenkt.
Sie ist die Kraft des Inneren, die von draußen
rückstrahlend deines Schicksals Ströme lenkt.
Was fürchtest du? Es kann dir nur begegnen,
was dir gemäß und was dir dienlich ist.
Ich weiß den Tag, da du dein Leid wirst segnen,
das dich gelehrt, zu werden, was du bist.
Ephides

Eine Angewohnheit kann man nicht aus dem Fenster werfen.
Man muss sie die Treppe hinunterboxen, Stufe für Stufe.
Mark Twain

Der Ruhm, wie alle Schwindelware,
hält selten über tausend Jahre.
Wilhelm Busch

Der Misserfolg hat einen Segen,
der mir verklärt den trübsten Tag:
Er macht uns beliebter bei den Kollegen,
als ein Erfolg es je vermag.
Oskar Blumenthal

In dem Augenblick,
in dem du von etwas überzeugt bist,
von diesem Augenblick an
wird dein Traum Wirklichkeit werden.
P. Collier

Man sieht nur mit dem Herzen gut.
Das Wesentliche ist für die Augen unsichtbar.
Antoine de Saint-Exupéry

Man kann nicht jeden Tag etwas Großes tun,
aber gewiss etwas Gutes.
Ernst Friedrich Schleiermacher

Ach, selbst das weiseste Sprichwort irrt:
Nicht alles ist Gold, was geschwiegen wird!
Oskar Blumenthal

Jedoch! Was hilft uns die Moral?
Verstand kommt nicht vor Jahren!
Das, was man hört, begreift man nicht,
bis man es selbst erfahren!
Wilhelm Busch

Wer einmal sich selbst gefunden hat,
der kann nichts auf dieser Welt mehr verlieren.
Stefan Zweig

Es ist nicht wenig Zeit, die wir haben,
sondern es ist viel Zeit, die wir nicht nützen.
Seneca

Das Gute – dieser Satz steht fest –
ist stets das Böse, was man lässt!
Wilhelm Busch

Worin besteht der Ruhm auf Erden,
der die Wenigen von den Vielen trennt?
Von lauter Leuten gekannt zu werden,
die man selber gar nicht kennt.
Erich Kästner

Es ist nicht genug, zu wissen,
man muss auch anwenden;
es ist nicht genug, zu wollen,
man muss auch tun.
Johann Wolfgang von Goethe

»Sei ganz du selber!« das ist auch nur Phrase,
wie alles Phrase, was ein Mund verbricht.
Wer bist denn »du«? ... Schon liegst du auf der Nase.
Du kannst nicht »du« sein; denn du kennst »dich« nicht.
Christian Morgenstern

Es ist unser Irrtum,
dass wir den Tod in der Zukunft erwarten.
Er ist zum großen Teil schon vorüber.
Was von unserem Leben hinter uns liegt,
hat der Tod.
Seneca

Schlecht ist das Schlechte nicht, denn das verkennt man selten;
das Mittelmäß'ge ist's, das leicht für gut kann gelten.
Friedrich Rückert

Es mangelt nie Gelegenheit, was Gutes zu verrichten;
es mangelt nie Gelegenheit, was Gutes zu vernichten.
Friedrich von Logau

Tugend will, man soll sie holen,
ungern ist sie gegenwärtig;
Laster ist auch unbefohlen
dienstbereit und fix und fertig.
Wilhelm Busch

Wer einen Stein ins Wasser wirft,
verändert das Meer.
Paul Mommertz

Du willst bei Fachgenossen gelten?
Das ist verlorne Liebesmüh.
Was dir missglückt, verzeihn sie selten –
was dir gelingt, verzeihn sie nie!
Oskar Blumenthal

Wer beide Hände voll hat und noch mehr will fassen,
wird das auch, was er hat in Händen, fallen lassen.
Friedrich Rückert

Das ist dein Fluch, an Kraft stets einzubüßen,
was an Erfahrung du, o Mensch, gewannst;
denn als du konntest, wolltest du nicht müssen,
und du erkennst nur, wenn du nicht mehr kannst.
Friedrich Halm

Wer keinen Willen hat, ist immer ratlos,
und wer kein Ziel noch hat, ist immer pfadlos,
und wer nicht Früchte hat, ist immer saatlos,
und wer kein Streben hat, ist immer tatlos.
Carmen Sylva

So steht zum Schluss am rechten Platz
der unumstößlich wahre Satz:
Die Schwierigkeit ist immer klein,
man muss nur nicht verhindert sein.
Wilhelm Busch

Mut besteht nicht darin,
dass man die Gefahr blind übersieht,
sondern, dass man sie sehend überwindet.
Jean Paul

Gelehrtheit, Kind, das heißt:
Mehr sagen, als du weißt.
Weniger sagen, als wissen,
das heißt, der Weisheit beflissen.
Wilhelm Müller

Was helfen uns die schweren Sorgen?
Was hilft uns unser Weh und Ach?
Was hilft es, dass wir alle Morgen
beseufzen unser Ungemach?
Wir machen unser Kreuz und Leid
nur größer durch die Traurigkeit.
Georg Neumark

Die großen Taten der Menschen
sind nicht die, welche lärmen.
Das Große geschieht so schlicht,
wie das Rieseln des Wassers,
das Fließen der Luft,
das Wachsen des Getreides.
Adalbert Stifter

Wenn du dich selber machst zum Knecht,
bedauert dich niemand, geht's dir schlecht;
machst du dich aber selbst zum Herrn,
die Leute sehn es auch nicht gern;
und bleibst du endlich wie du bist,
so sagen sie, dass nichts an dir ist.
Johann Wolfgang von Goethe

Das Alte darf nicht länger bleiben,
stets müssen sie was Neues schreiben;
nur kennen sie das Alte nicht,
und schreiben Neues stets, das Neuem widerspricht.
Abraham Gotthelf Kästner

Sie hasste die gewohnte Strecke,
sprang aus dem Schienenstrang heraus
und wollte endlich einmal gradeaus,
statt um die Ecke.
Ein Unglück gab's. Und keine Reise.
Erinnert euch, bis ihr es wisst:
Wenn man als Straßenbahn geboren ist,
dann braucht man Gleise.

Erich Kästner

Tugend will ermuntert sein,
Bosheit kann man schon allein!

Wilhelm Busch

Es gibt keinen schöneren und auch
keinen schicklicheren Rahmen um
einen großen Schmerz, als eine
Kette von kleinen Freuden, die man
anderen bereitet.

Ernst Friedrich Schleiermacher

Es ließe sich alles trefflich schlichten,
könnte man die Sachen zweimal verrichten.
Johann Wolfgang von Goethe

Gute Tiere, spricht der Weise,
musst du züchten, musst du kaufen,
doch die Ratten und die Mäuse,
kommen ganz von selbst gelaufen.
Wilhelm Busch

Die Freude fällt uns in die Hände,
die bloße Kunst nur, sich zu freun,
die will geübt, errungen sein.
Christoph August Tiedge

Wir haben es ja oft erlebt:
Wer andern eine Grube gräbt,
fällt selbst hinein. So geht es allen,
die Gruben graben! Aber ach,
wie viel sind schon mit großem Krach
ganz ohne Grube hineingefallen!
Julius Stettenheim

Solang du schimpfst und tobst und bellst,
bleibst du dem Volk erfreulich.
Doch wenn du einfach Recht behältst,
finden sie's unverzeihlich.
Paul Heyse

Was man besonders gerne tut,
ist selten ganz besonders gut.
Wilhelm Busch

Ob Sonnenschein, ob Sterngefunkel:
Im Tunnel bleibt es immer dunkel.
Erich Kästner

Die Not ist die Mutter der Künste,
aber auch die Großmutter der Laster.
Jean Paul

Das Gute wissen, weit ist noch das Tun davon;
das Böse kennen ist des Bösen Anfang schon.
Friedrich Rückert

So mancher gibt recht pünktlich acht,
wenn je ein andrer Fehler macht,
und wäre er ein wenig klug,
so fänd er an sich selbst genug.
Die Torheit glaubt in ihrem Wahn:
Dass man von ihr nichts wissen kann,
und dass man schlechterdings vergisst,
was an ihr Mangelhaftes ist;
Sonst würden viele – sonst so fein,
im Tadel – viel bescheidner sein.
Johann Jakob Hertel

Ein jeglicher versucht sein Glück;
doch schmal nur ist die Bahn zum Rennen.
Der Wagen rollt, die Achsen brennen.
Der Held dringt kühn voran,
der Schwächling bleibt zurück,
der Stolze fällt mit lächerlichem Falle. –
Der Kluge überholt sie alle.
Friedrich von Schiller

Erkenne dich! – Was soll das heißen?
Es heißt: sei nur! und sei auch nicht!
Es ist eben ein Spruch der lieben Weisen,
der sich in der Kürze widerspricht.
Johann Wolfgang von Goethe

Es gibt nichts Gutes
außer: Man tut es.
Erich Kästner

Der seligste Glaub auf dieser Welt,
der nur das glaubt, was ihm gefällt.
Wilhelm Müller

Nörgeln ist das Allerschlimmste,
keiner ist davon erbaut;
keiner fährt, und wär's der Dümmste,
gern aus seiner werten Haut.
Wilhelm Busch

Rastlos vorwärts musst du streben,
nie ermüdet stille stehn,
willst du die Vollendung sehn;
musst ins Breite dich entfalten
soll sich dir die Welt gestalten,
in die Tiefe musst du steigen,
soll sich dir das Wesen zeigen.
nur Beharrung führt zum Ziel,
nur die Fülle führt zur Klarheit,
und im Abgrund wohnt die Wahrheit.
Friedrich von Schiller

Die Zeit geht nicht, sie stehet still,
wir ziehen durch sie hin;
sie ist ein' Karawanserei,
wir sind die Pilger drin.
Gottfried Keller

Das Größte ist das Alphabet,
denn alle Weisheit steckt darin,
aber nur der erkennt den Sinn,
der's recht zusammenzusetzen versteht.
Emanuel Geibel

Ein kluger Entschluss reift unverhofft,
blitzschnell und ohne Erwägung –
doch Dummheiten machen wir allzuoft
nach reiflichster Überlegung.
Oskar Blumenthal

Es will jetzt neu sein jeder Tropf
und kann nichts finden, trotz allen Geschreies:
Da stellt er das Alte auf den Kopf
und hat so was Neues.
Franz Grillparzer

Ja, schelte nur und fluche fort,
es wird sich Bessres nie ergeben.
Denn Trost ist ein absurdes Wort:
Wer nicht verzweifeln kann, der muss nicht leben.
Johann Wolfgang von Goethe

Wer Großes mit Bewusstsein schafft,
den nennen die Lumpen dünkelhaft.
Ein rechter Leu muss, wie sie meinen,
in einer Eselshaut erscheinen.
Otto Ernst

Durch Schaden wird man klug,
sagen die klugen Leute.
Schaden litt ich genug,
doch bin ich ein Tor noch heute.
Friedrich Rückert

Im Handeln und im Pflichterfüllen
geht alles über eine Leiste;
nur wenige tun das Gute im Stillen,
das Böse die meisten.
Eduard von Bauernfeld

Nur unbewusste Freude ist
von trüben Wolken frei –
denn wer die Schatten nur vermisst,
er ruft sie schon herbei.
Oskar Blumenthal

Wenn Kopf und Herz sich widersprach,
tät doch das Herz zuletzt entscheiden.
Der arme Kopf gibt immer nach,
weil er der Klügere ist von beiden.
Paul Heyse

Enthaltsamkeit ist das Vergnügen
an Sachen, welche wir nicht kriegen.
Wilhelm Busch

Andern Leuten widersprechen wir
nicht halb so oft als uns selber.
Jean Paul

Das Wörtlein zu ist meist gefährlich:
Es schadet selbst dem Wörtlein ehrlich.
Ephraim Moses Kuh

Sokrates, der alte Greis,
sagte oft in tiefen Sorgen:
»Ach, wie viel ist doch verborgen,
was man immer noch nicht weiß.«

Und so ist es. – Doch indessen
darf man eines nicht vergessen:
Eines weiß man doch hienieden,
nämlich, wenn man unzufrieden.
Wilhelm Busch

Der Langsame, der sein Ziel
nicht aus den Augen verliert,
geht noch immer geschwinder,
als der, der ohne Ziel herumirrt.
Gotthold Ephraim Lessing

Lorbeer ist ein gutes Kraut
für die Saucenköche;
wer's als Kopfbedeckung wünscht,
wisse, dass es steche.
Otto Julius Bierbaum

Es blitzt ein Tropfen Morgentau
im Strahl des Sonnenlichts;
ein Tag kann eine Perle sein
und ein Jahrhundert nichts.
Gottfried Keller

Es ist wenig darangelegen, dass etwas,
sondern wie etwas geschehe.
Jean Paul

Das Erste, das ist immer,
und wenn auch die Welt vergeht;
das Zweite ist man und bleibt man,
wenn man zu lesen versteht.
Heinrich Heine

So ist nun mal die Zeit allhie,
erst trägt sie dich,
dann trägst du sie;
und wann's vorüber, weißt du nie.
Wilhelm Busch

Schlägt dir die Hoffnung fehl,
nie fehle dir das Hoffen!
Ein Tor ist zugetan,
doch tausend sind noch offen.
Friedrich Rückert

Mit Blumen gesagt

Die Veilchen kichern und kosen
und schaun nach den Sternen empor;
heimlich erzählen die Rosen
sich duftende Märchen ins Ohr.
Heinrich Heine

Freut euch des Lebens, weil noch das Lämpchen glüht,
pflücket die Rose, eh' sie verblüht!
Man schafft so gern sich Sorg' und Müh',
sucht Dornen auf und findet sie
und lässt das Veilchen unbemerkt,
das uns am Wege blüht.
Johann Martin Usteri

Das ist im Leben hässlich eingerichtet,
dass bei den Rosen gleich die Dornen stehn,
und was das arme Herz auch sehnt und dichtet,
zum Schlusse kommt das Voneinandergehn.
In deinen Augen hab ich einst gelesen,
es blitzte drin von Lieb und Glück ein Schein:
Behüt dich Gott! Es wär so schön gewesen,
behüt dich Gott, es hat nicht sollen sein!
Joseph Victor von Scheffel

An Rosen such ich mein Vergnügen,
an Rosen, die die Herzen ziehn,
an Rosen, die den Frost besiegen
und hier das ganze Jahr durch blühn,
an Rosen, die wir bei den Linden
sonst nirgends leicht so reizend finden.

Dir Rose trägt das Blut der Götter
und ist der Blumen Königin;
ihr Antlitz sticht das schönste Wetter
und selbst Aurorens Wangen hin.
Sie ist ein Stern der milden Erden
und kann von nichts verfinstert werden.

Johann Christian Günther

Die Lotosblume ängstigt
sich vor der Sonne Pracht,
und mit gesenktem Haupte
erwartet sie träumend die Nacht.

Der Mond, der ist ihr Buhle.
Er weckt sie mit seinem Licht',
und ihm entschleiert sie freundlich
ihr frommes Blumengesicht.

Sie blüht und glüht und leuchtet,
und starret stumm in die Höh;
sie duftet und weinet und zittert
vor Liebe und Liebesweh.

Heinrich Heine

Die Rose welkt im sonnigen Wetter,
der Wind verwehet ihre Blätter
zu bald;
das Lied der Nachtigall verhallt
zu bald.
Zu bald ist alles dahin.

August Heinrich Hoffmann
von Fallersleben

Das ist die Drossel, die da schlägt,
der Frühling, der mein Herz bewegt;
ich fühle, die sich hold bezeigen,
die Geister aus der Erde steigen.
Das Leben fließet wie ein Traum –
mir ist wie Blume, Blatt und Baum.

Theodor Storm

In meinem Garten find ich
viel Blumen, schön und fein,
viel Kränze wohl daraus wind ich,
und tausend Gedanken bind ich
und Grüße mit darein.

Joseph von Eichendorff

Wer bloß an einer Pflanze riecht,
der kennt sie nicht,
und wer sie pflückt, bloß, um daran zu lernen,
kennt sie auch nicht.

Friedrich Hölderlin

Es ist doch im April fürwahr
der Frühling weder halb noch gar!
Komm, Rosenbringer, süßer Mai,
komm du herbei!
So weiß ich, was der Frühling sei.

Wie aber, soll die erste Gartenpracht,
Narzissen, Primeln, Hyazinthen,
die kaum die hellen Äuglein aufgemacht,
schon welken und verschwinden?
Und mit euch besonders, holde Veilchen,
wär's dann fürs ganze Jahr vorbei?
Lieber, lieber Mai,
ach, warte noch ein Weilchen.

Eduard Mörike

Was Schlimmeres weiß ich nicht zu sagen,
als blühen und nicht Früchte tragen.

Ernst von Feuchtersleben

Ich zog eine Wind' am Zaune;
und was sich nicht wollte winden
von Ranken nach meiner Laune,
begann ich denn anzubinden,
und dacht, für meine Mühen
sollt' es nun fröhlich blühen.

Doch bald hab' ich gefunden,
daß ich umsonst mich mühte;
nicht, was ich angebunden,
war, was am schönsten blühte,
sondern was ich ließ ranken
nach seinen eignen Gedanken.

Friedrich Rückert

Freundlich werden neue Stunden
zu vergangnen sich gesellen;
Blüten, Blumen, wohl empfunden,
bleiben ewig Immortellen.

Johann Wolfgang von Goethe

Rosen auf den Weg gestreut,
und des Harms vergessen!
Eine kurze Spanne Zeit
Wurd uns zugemessen.
Heute hüpft im Frühlingstanz
Noch der frohe Knabe;
Morgen weht der Totenkranz
Schon auf seinem Grabe.

Ludwig Heinrich Christoph Hölty

Die linden Lüfte sind erwacht,
sie säuseln und weben Tag und Nacht,
sie schaffen an allen Enden.
O frischer Duft, o neuer Klang!
Nun, armes Herze, sei nicht bang!
Nun muss sich alles, alles wenden.

Die Welt wird schöner mit jedem Tag,
man weiß nicht, was noch werden mag,
das Blühen will nicht enden.
Es blüht das fernste, tiefste Tal:
Nun, armes Herz, vergiss die Qual!
Nun muss sich alles, alles wenden.

Ludwig Uhland

Jede sprossende Pflanze
die mit Düften sich füllt,
trägt im Kelche das ganze
Weltgeheimnis verhüllt.

Emanuel Geibel

Grün ist der Jasminenstrauch
abends eingeschlafen.
Als ihn mit des Morgens Hauch
Sonnenlichter trafen,
ist er schneeweiß aufgewacht:
»Wie geschah mir in der Nacht?«
»Seht, so geht es Bäumen,
die im Frühling träumen.«

Friedrich Rückert

Es war einmal, ich weiß nicht wann
und weiß nicht wo. Vielleicht ein Traum.
Ich trat aus einem schwarzen Tann
an einen stillen Wiesensaum.

Und auf der stillen Wiese stand
rings Mohn bei Mohn und unbewegt,
und war bis an den fernsten Rand
der rote Teppich hingelegt.

Und auf dem roten Teppich lag,
von tausend Blumen angeblickt,
ein schöner, müder Sommertag,
im ersten Schlummer eingenickt.

Kein Hauch. Kein Laut. Ein Vogelflug
bewegte kaum die Abendluft.
Ich sah kaum, wie der Flügel schlug,
ein schwarzer Strich im Dämmerduft.

Es war einmal, ich weiß nicht wo.
Ein Traum vielleicht. Lang ist es her.
Ich seh nur noch, und immer so,
das stille, rote Blumenmeer.

Gustav Falke

Ich habe heute ein paar Blumen
für dich nicht gepflückt,
um dir ihr Leben mitzubringen.

Christian Morgenstern

Blumen sind an jedem Weg zu finden,
doch nicht jeder weiß den Kranz zu winden.
Anastasius Grün

Die stille Wasserrose
steigt aus dem blauen See,
die feuchten Blätter zittern,
der Kelch ist weiß wie Schnee.

Da gießt der Mond vom Himmel
all seinen goldnen Schein,
gießt alle seine Strahlen
in ihren Schoß hinein.

Im Wasser um die Blume
kreiset ein weißer Schwan
er singt so süß, so leise
und schaut die Blume an.

Er singt so süß, so leise
und will im Singen vergehn –
o Blume, weiße Blume,
kannst du das Lied verstehn?
Emanuel Geibel

Die Rose stand im Tau,
es waren Perlen grau,
als Sonne sie beschienen,
wurden sie zu Rubinen.
Friedrich Rückert

Es blüht ein schönes Blümchen
auf unsrer grünen Au.
Sein Aug ist wie der Himmel
so heiter und so blau.

Es weiß nicht viel zu reden,
und alles, was es spricht,
ist immer nur dasselbe,
ist nur: Vergissmeinnicht!

Wenn ich zwei Äuglein sehe
so heiter und so blau,
so denk ich an mein Blümchen
auf unsrer grünen Au.

Da kann ich auch nicht reden,
und nur mein Herze spricht
so bange nur, so leise
und nur: Vergissmeinnicht.

*August Heinrich Hoffmann
von Fallersleben*

Blau ist ein Blümelein,
das heißt Vergissnichtmein;
dies Blümlein leg ans Herz
und denk an mich!

Stirbt Blüt und Hoffnung gleich,
wir sind an Liebe reich,
denn die stirbt nie bei mir,
das glaube mir!
Helmina von Chèzy

Es grünet in den Wäldern,
die Bäume blühen frei,
die Röslein auf den Feldern
von Farben mancherlei;
ein Blümlein steht im Garten,
das heißt: Vergiss nicht mein.
Das edle Kraut Wegwarten
macht guten Augenschein.
Volkslied

Muntre Gärten lieb ich mir,
viele Blumen drinne,
und du hast so einen hier,
merk ich wohl, im Sinne.
Mögen Wünsche für dein Glück
tausendfach erscheinen;
Grüße sie mit heiterm Blick
und voran die meinen.
Johann Wolfgang von Goethe

Rosen pflücken, Rosen blühn,
morgen ist nicht heut!
Keine Stunde lass entfliehn –
flüchtig ist die Zeit!

Trinke, küsse! Sieh, es ist
heut Gelegenheit!
Weißt du, wo du morgen bist?
Flüchtig ist die Zeit!

Aufschub einer guten Tat
hat schon oft gereut!
Hurtig leben ist mein Rat –
flüchtig ist die Zeit!
Johann Wilhelm Ludwig Gleim

Nie kampflos wird dir ganz
das Schöne im Leben geglückt sein,
selbst Diamantenglanz
will seiner Hülle entrückt sein,
und windest du einen Kranz:
Jede Blume dazu will gepflückt sein!
Friedrich von Bodenstedt

Vom Himmel kam geflogen eine Taube,
sie brachte ein Kleeblatt mit dreifachem Laube.
Sie ließ es fallen; glücklich, wer es findet.
Drei Blättchen sind es:
Hoffnung – Liebe – Glaube!
Friedrich Rückert

Der beste Mensch wird manchmal zornig,
kein Liebespaar kann immer kosen.
Die schönsten Rosen selbst sind dornig,
doch schlimm sind Dornen ohne Rosen.
Friedrich von Bodenstedt

Kannst du das Schöne nicht erringen,
so mag das Gute dir gelingen.
Ist nicht der große Garten dein,
wird doch für dich ein Blümlein sein.
Eduard von Bauernfeld

Was zagst du, in solchen Tagen,
wo selbst die Dorne Rosen tragen?
Ludwig Uhland

Die Ros' ist ohne Warum;
Sie blühet, weil sie blühet.
Sie acht't nicht ihrer selbst,
fragt nicht, ob man sie siehet.
Angelus Silesius

Der Rose süßer Duft genügt,
man braucht sie nicht zu brechen.
Und wer sich mit dem Duft begnügt,
den wird ihr Dorn nicht stechen.
Friedrich von Bodenstedt

In einem Buche blätternd fand
Ich eine Rose welk, zerdrückt,
und weiß auch nicht mehr, wessen Hand
sie einst für mich gepflückt.

Ach, mehr und mehr im Abendhauch
Verweht Erinnerung; bald zerstiebt
mein Erdenlos, dann weiß ich auch
nicht mehr, wer mich geliebt.
Nikolaus Lenau

Wenn auch düstre Wolken jagen
und den Himmel hüllen ein,
auch in stürmisch trüben Tagen
kann ich dennoch heiter sein.

In des Herzens Heiligtume
blüht, gepflegt von meiner Hand,
mir des Lebens schönste Blume,
die ich hier auf Erden fand.

Und die Blume, dich ich meine,
ist das Blümlein Heiterkeit,
das mit Frühlingssonnenscheine
mir vertreibt das trübste Leid.

Könnt ich manchem doch hienieden
so ein kleines Zweiglein weihn,
Ach, wie heiter und zufrieden
säh er in die Welt hinein!
August Heinrich Hoffmann von Fallersleben

Auf einer Blume, rot und brennend, saß
ein Schmetterling, der ihren Honig sog,
und sich in seiner Wollust so vergaß,
daß er vor mir nicht einmal weiter flog.
Ich wollte seh'n, wie süß die Blume war,
und brach sie ab: Er blieb an seinem Ort;
ich flocht sie der Geliebten in das Haar:
Er sog, wie aufgelöst in Wonne, fort!

Friedrich Hebbel

Aus meinen Tränen sprießen
viel blühende Blumen hervor,
und meine Seufzer werden
ein Nachtigallenchor.

Und wenn du mich lieb hast, Kindchen,
schenk ich dir die Blumen all.
Und vor deinem Fenster soll klingen
das Lied von der Nachtigall.

Heinrich Heine

Ich ging im Walde
so für mich hin,
und nichts zu suchen
das war mein Sinn.

Im Schatten sah ich
ein Blümchen steh'n.
Wie Sterne leuchtend,
wie Äuglein schön.

Ich wollt' es brechen,
da sagt' es fein:
»Soll ich zum Welken
geboren sein?«

Ich grub's mit allen
den Würzlein aus,
zum Garten trug ich's
am hübschen Haus.

Und pflanzt' es wieder
am stillen Ort;
nun zweigt es immer
und blüht so fort.

Johann Wolfgang von Goethe

Sei wie das Veilchen im Moose
bescheiden, sittsam und rein;
Nicht wie die stolze Rose,
die immer bewundert will sein.

Volksgut

Der Schmetterling ist in die Rose verliebt,
umflattert sie tausendmal,
ihn selber aber, goldig zart,
umflattert der liebende Sonnenstrahl.

Jedoch, in wen ist die Rose verliebt?
Das wüsst ich gar zu gern.
Ist es die singende Nachtigall?
Ist es der schweigende Abendstern?

Ich weiß nicht, in wen die Rose verliebt;
ich aber lieb euch all:
Rose, Schmetterling, Sonnenstrahl,
Abendstern und Nachtigall.

Heinrich Heine

Kein Sternlein blinkt im Walde.
Weiß weder Weg noch Ort:
Die Blumen an der Halde,
die Blumen in dem Walde,
die blühn im Dunkeln fort.

Theodor Storm

Wie dir die Lilien blühten,
so blüht mein Herz wie sie;
wie ich deines Sangs nicht vergessen,
vergess ich dein auch nie.

August Heinrich Hoffmann von Fallersleben

Rosen, Tulpen, Nelken,
alle Blumen welken,
nur die eine nicht,
die heißt Vergissmeinnicht.
Volksgut

So viel, was einzig mich beglückt,
warum versagt sich's mir?
Die Rose, die du nie gepflückt,
sie duftet ewig dir.
Emanuel Geibel

Möge jeder still beglückt
seiner Freuden warten!
Wenn die Rose selbst sich schmückt,
schmückt sie auch den Garten.
Friedrich Rückert

Heitere Verse

Früher, da ich unerfahren
und bescheidner war als heute,
hatten mein höchste Achtung
andre Leute.

Später traf ich auf der Weide
außer mir noch mehre Kälber,
und nun schätz ich, sozusagen,
erst mich selber.
Wilhelm Busch

Ein nervöser Mensch auf einer Wiese
wäre besser ohne sie daran;
darum seh er, wie er ohne diese
(meistens mindstens) leben kann.

Kaum, dass er gelegt sich auf die Gräser,
naht der Ameis, Heuschreck, Mück und Wurm,
naht der Tausendfuß und Ohrenbläser,
und die Hummel ruft zum Sturm.

Ein nervöser Mensch auf einer Wiese
tut drum besser, wieder aufzustehn
und dafür in andre Paradiese
(beispielshalber: weg) zu gehn.
Christian Morgenstern

Ich kenne eurer Weisheit bittern Kern,
und doch – ich kann den Wahn nicht meiden.
Ich lebe einmal für mein Leben gern
und kann das Sterben auf den Tod nicht leiden.
Oskar Blumenthal

Ein Mensch, der spürt, wenn auch verschwommen,
er müsste sich, genau genommen,
im Grunde seines Herzens schämen,
zieht vor, es nicht genau zu nehmen.
Eugen Roth

Einst haben die Kerls auf den Bäumen gehockt,
behaart und mit böser Visage.
Dann hat man sie aus dem Urwald gelockt
und die Welt asphaltiert und aufgestockt,
bis zur dreißigsten Etage.

Da saßen sie nun, den Flöhen entflohn,
in zentralgeheizten Räumen.
Da sitzen sie nun am Telefon.
Und es herrscht noch genau derselbe Ton
wie seinerzeit auf den Bäumen.

Sie hören weit. Sie sehen fern.
Sie sind mit dem Weltall in Fühlung.
Sie putzen die Zähne. Sie atmen modern.
Die Erde ist ein gebildeter Stern
mit sehr viel Wasserspülung.

Sie schießen die Briefschaften durch ein Rohr.
Sie jagen und züchten Mikroben.
Sie versehn die Natur mit allem Komfort.
Sie fliegen steil in den Himmel empor
und bleiben zwei Wochen oben.

Was ihre Verdauung übrig lässt,
das verarbeiten sie zu Watte.
Sie spalten Atome. Sie heilen Inzest.
Und sie stellen durch Stiluntersuchungen fest,
dass Cäsar Plattfüße hatte.

So haben sie mit dem Kopf und dem Mund
den Fortschritt der Menschheit geschaffen.
Doch davon mal abgesehen und
bei Lichte betrachtet sind sie im Grund
noch immer die alten Affen.

Erich Kästner

Der Heiterkeit sollen wir, wann immer sie sich einstellt,
Tür und Tor öffnen, denn sie kommt nie zur unrechten Zeit.

Arthur Schopenhauer

Wenn alles sitzen bliebe,
was wir in Hass und Liebe
so voneinander schwatzen;
wenn Lügen Haare wären,
wir wären rauh wie Bären
und hätten keine Glatzen.

Wilhelm Busch

Zu einem Geschenk

Ich wollte dir was dezidieren,
nein schenken; was nicht zuviel kostet.
Aber was aus Blech ist, rostet,
und die Messinggegenstände oxydieren.
Und was kosten soll es eben doch.
Denn aus Mühe mach ich extra noch
was hinzu, auch kleine Witze.
Wär bei dem, was ich besitze,
etwas Altertümliches dabei –
doch was nützt dir eine Lanzenspitze!
An dem Bierkrug sind die beiden
Löwenköpfe schon entzwei.
Und den Buddha mag ich selber leiden.
Und du sammelst keine Schmetterlinge,
die mein Freund aus China mitgebracht.
Nein – das Sofa und so große Dinge
kommen überhaupt nicht in Betracht.
Außerdem gehören sie nicht mir.
Ach, ich hab die ganze letzte Nacht
rumgegrübelt, was ich dir
geben könnte. Schlief deshalb nur eine,
allerhöchstens zwei von sieben Stunden,
und zum Schluss hab ich doch nur dies kleine,
lumpige beschissne Ding gefunden.
Aber gern hab ich für dich gewacht.
Was ich nicht vermochte, tu du's: Drücke du
nun ein Auge zu.
Und bedenke,
dass ich dir fünf Stunden Wache schenke.
Lass mich auch in Zukunft nicht in Ruh.

Joachim Ringelnatz

Ein Sandkorn ist der Erdball, rufst du aus
und blickst ergriffen auf den Sternensaus.

Dann wendest du dich um und lauschst beim Tee
den Professoren A und B und C.

Und siehe da, auf deinem Körnchen Sand
erhebt sich Wissenschaft, ein Elefant.

Das Korn bleibt Korn. Du aber fromm und munter,
du bringst den Elefanten auf ihm unter!

Und liegst davor sogar noch auf den Knien.
Das Sandkorn trägt geduldig dich und ihn.

Denn trotz Gelehrsamkeit und Hochgefühl:
Ihr seid nicht größer als – ein Molekül.

Christian Morgenstern

Gott gab uns nur einen Mund,
weil zwei Mäuler ungesund.
Mit dem einen Munde schon
schwatzt zuviel der Erdensohn.

Hat er jetzt ein Maul voll Brei;
muss er schweigen unterdessen;
hätte er der Mäuler zwei,
löge er sogar beim Fressen.
Heinrich Heine

Wenn dich die Lästerzunge sticht,
lass dir dies zum Troste sagen:
Die schlechtesten Früchte sind es nicht,
woran die Wespen nagen.
Gottfried August Bürger

Die Selbstkritik hat viel für sich.
Gesetzt den Fall, ich tadle mich,
so hab ich erstens den Gewinn,
dass ich so hübsch bescheiden bin;
zum zweiten denken sich die Leut,
der Mann ist lauter Redlichkeit;
auch schnapp ich drittens diesen Bissen
vorweg den andren Kritikküssen;
und viertens hoff ich außerdem
auf Widerpruch, der mir genehm.
So kommt es denn zuletzt heraus,
dass ich ein ganz famoses Haus.
Wilhelm Busch

Sehr tadelnswert ist unser Tun,
wir sind nicht brav und bieder. –
Gesetzt den Fall, es käme nun
die Sündflut noch mal wieder.

Das wär ein Zappeln und Geschreck!
Wir tauchten alle unter;
dann kröchen wir wieder aus dem Dreck
und wären, wie sonst, recht munter.

Wilhelm Busch

Ein Mensch erhofft sich fromm und still,
dass er einst das kriegt, was er will.
Bis er dann doch dem Wahn erliegt
Und schließlich das will, was er kriegt.

Eugen Roth

Mir wäre doch, potzsapperlot,
der ganze Spaß verdorben,
wenn man am Ende gar nicht tot,
nachdem, dass man gestorben.

Wilhelm Busch

Merk dir, du Schaf,
weil es immer gilt:
Der Fotograf
ist nie auf dem Bild.

Erich Kästner

Ein Mensch lebt friedlich auf der Welt,
weil fest und sicher angestellt.
Jedoch so Jahr um Jahr, wenn's lenzt,
fühlt er sich sklavenhaft begrenzt
und rasselt wild mit seinen Ketten,
als könnt er so die Seele retten
und sich der Freiheit und dem Leben
mit edlem Opfermut ergeben.
Jedoch bei näherer Betrachtung
spielt er nur tragische Verachtung
und schluckt, kraft höherer Gewalt,
die Sklaverei und das Gehalt.
Auf seinem kleinen Welttheater
mimt schließlich er den Heldenvater
und denkt nur manchmal noch zurück
an das einst oft geprobte Stück,
das niemals kam zur Uraufführung.
Und er empfindet tiefe Rührung,
wenn er die alten Rollen spricht
vom Mann, der seine Ketten bricht.

Eugen Roth

Da streiten sich die Leut' herum
oft um den Wert des Glücks,
der eine nennt den andern dumm,
am End' weiß keiner nix.
Da ist der allerärmste Mann
dem andern viel zu reich:
Das Schicksal setzt den Hobel an
und hobelt beide gleich.

Die Jugend will halt mit Gewalt
in allem klüger sein;
doch wird man erst ein bissel alt,
dann find't man sich schon drein.
Oft zankt mein Weib mit mir, o Graus!
Das bringt mich nicht in Wut:
Ich klopfe meinen Hobel aus
und denk: Du brummst halt gut.

Zeigt sich der Tod einst, mit Verlaub,
und zupft mich: »Brüderl, kumm!«
Da stell ich mich im Anfang taub
und schau mich gar nicht um.
Doch sagt er: »Lieber Valentin,
mach keine Umständ', geh!«
Da leg ich meinen Hobel hin
und sag der Welt ade!

Ferdinand Raimund

Der Optimist denkt oft ebenso einseitig wie der Pessimist.
Nur er lebt froher.

Charlie Rivel

Palmström, etwas schon an Jahren,
wird an einer Straßenbeuge
und von einem Kraftfahrzeuge
überfahren.

»Wie war« (spricht er, sich erhebend
und entschlossen weiterlebend)
»möglich, wie dies Unglück, ja –:
dass es überhaupt geschah?

Ist die Staatskunst anzuklagen
in bezug auf Kraftfahrwagen?
Gab die Polizeivorschrift
hier dem Fahrer freie Trift?

Oder war vielmehr verboten,
hier Lebendige zu Toten
umzuwandeln, – kurz und schlicht:
Durfte hier der Kutscher nicht – ?«

Eingehüllt in feuchte Tücher,
prüft er die Gesetzesbücher
und ist alsobald im Klaren:
Wagen durften dort nicht fahren!

Und er kommt zu dem Ergebnis:
Nur ein Traum war das Erlebnis.
Weil, so schließt er messerscharf,
»nicht sein kann, was nicht sein darf«.

Christian Morgenstern

Ein Mensch war eigentlich ganz klug
Und schließlich doch nur klug genug,
um einzusehen, schmerzlich klar,
wie blöd er doch im Grunde war.
Unselig zwischen beiden Welten,
wo Weisheit und wo Klugheit gelten,
ließ seine Klugheit er verkümmern
und zählt nun glücklich zu den Dümmern.
Eugen Roth

Humor ist der Knopf, der verhindert,
dass uns der Kragen platzt.
Joachim Ringelnatz

Wer möchte diesen Erdenball
noch fernerhin betreten,
wenn wir Bewohner überall
die Wahrheit sagen täten.

Ihr hießet uns, wir hießen euch
Spitzbuben und Halunken,
wir sagten uns fatales Zeug
noch eh wir uns betrunken.

Da lob ich mir die Höflichkeit,
das zierliche Betrügen.
Du weißt Bescheid, ich weiß Bescheid;
und allen macht's Vergnügen.
Wilhelm Busch

Korf liest gerne schnell und viel;
darum widert ihn das Spiel
all des zwölfmal unerbetnen
Ausgewalzten, Breitgetretnen.

Meistens ist in sechs bis acht
Wörtern völlig abgemacht,
und in ebensoviel Sätzen
lässt sich Bandwurmweisheit schwätzen.

Es erfindet drum sein Geist
etwas, was ihn dem entreißt:
Brillen, deren Energieen
ihm den Text – zusammenziehen!

Beispielsweise dies Gedicht
läse, so bebrillt, man – nicht!
Dreiunddreißig seinesgleichen
gäben erst – Ein – Fragezeichen!!
Christian Morgenstern

Auch der tapferste Mann, den es gibt,
schaut mal unters Bett.
Auch die nobelste Frau, die man liebt,
muss mal aufs Klosett.

Wer anlässlich dieser Erklärung
Behauptet, das sei Infamie,
der verwechselt Heldenverehrung
mit Mangel an Fantasie.
Erich Kästner

Ein Mensch liest staunend, fast entsetzt,
dass die moderne Technik jetzt
den Raum, die Zeit total besiegt:
Drei Stunden man nach London fliegt.
Der Fortschritt herrscht in aller Welt.
Jedoch, der Mensch besitzt kein Geld.
Für ihn liegt London grad so weit
wie in der guten alten Zeit.
Eugen Roth

Ach, ich fühl es! Keine Tugend
ist so recht nach meinem Sinn;
stets befind ich mich am wohlsten,
wenn ich damit fertig bin.

Dahingegen so ein Laster,
ja, das macht mir viel Pläsier;
und ich hab die hübschen Sachen
lieber vor als hinter mir.
Wilhelm Busch

Muss ich mich schon wieder plagen?
Also wieder ein Gedicht?
Soll ich wagen Nein! zu sagen? –
Nein, ich bin kein Bösewicht!

Dehne dich, Poetenleder!
Werde flüssig, alter Leim!
Sieh, schon tröpfelt aus der Feder
der mit Angst gesuchte Reim!

Und so zeig ich mit Vergnügen
mich als einen netten Herrn. –
Ach, mitunter muss man lügen,
und mitunter lügt man gern!

Wilhelm Busch

Dem Heitern erscheint die Welt auch heiter.

Johann Wolfgang von Goethe

Tröstliche Worte

Nichts hat in der Welt Bestand:
Was da kommt, muss scheiden,
und so reichen sich die Hand
immer Freud und Leiden.
August Heinrich Hoffmann von Fallersleben

Erscheint dir etwas unerhört,
bist du im tiefsten Herz empört.
Bäume nicht auf, versuch's nicht mit Streit,
berühre es nicht, überlass es der Zeit!
Am ersten Tag wirst feige du dich schelten,
am zweiten lässt du dein Schweigen schon gelten,
am dritten hast du's überwunden.
Alles ist wichtig nur auf Stunden,
Ärger ist Zehrer und Lebensvergifter,
Zeit ist Balsam und Friedensstifter.
Theodor Fontane

Ich sage dir als tröstlich Wort,
wie eins aufs andre ist gestellt.
Denk einen Punkt des Ganzen fort,
du denkst dich selber aus der Welt.
Christian Morgenstern

Einst wollt' ich hinaus in den grünen Wald,
da zogen die Sorgen mit.
Vergebens gebot ich wohl zehnmal Halt,
sie folgten mir Schritt für Schritt.

Doch als wir kamen wohl in den Busch,
begann ein Geflüster sogleich;
die Vöglein riefen: »Ihr Sorgen, husch,
hinaus aus dem grünen Bereich!«

Das Gras erhob sich und hielt sie auf,
ein Windzug hauchte sie fort,
die Bäume rauschten und schlugen drauf,
sie flohen von Ort zu Ort

und rannten und stießen die Köpfe sich ein,
am Felsen, riesig und rauh,
verschmolzen im lachenden Sonnenschein,
ertranken im duftigen Tau.

»Da habt ihr's!« rief ich, von ihrer Not
befreit in die Lüfte hinaus;
»Da seht ihr, was euch im Walde droht:
ein andermal bleibt ihr zu Haus!«

Gustav Pfarnus

Und wird auch mal der Himmel grauer;
wer voll Vertraun die Welt besieht,
den freut es, wenn ein Regenschauer
mit Sturm und Blitz vorüberzieht.

Wilhelm Busch

Du weißt, dass hinter den Wäldern blau
die großen Berge sind.
Und heute nur ist der Himmel grau
und die Erde blind.

Du weißt, dass über den Wolken schwer
die schönen Sterne stehn.
Und heute ist aus dem goldenen Heer
kein einziger zu sehn.

Und warum glaubst du dann nicht auch,
dass uns die Wolke Welt
nur heute als ein flüchtiger Hauch
die Ewigkeit verstellt?

Eugen Roth

Tröste dich, die Stunden eilen,
und was all dich drücken mag,
auch die schlimmste kann nicht weilen,
und es kommt ein andrer Tag.

In dem ew'gen Kommen, Schwinden,
wie der Schmerz liegt auch das Glück,
und auch heitre Bilder finden
ihren Weg zu dir zurück.

Harre, hoffe! Nicht vergebens
zählest du der Stunden Schlag:
Wechsel ist das Los des Lebens,
und es kommt ein andrer Tag.

Theodor Fontane

Solang noch Berg' und Tale blühn,
durch sie melodisch Flüsse ziehn,
ein Vogel hoch im Blauen schwebt,
Goldähren licht im Westhauch wallen,
Gebirge stehn, Alphörner schallen:
Hat diese Welt nicht ausgelebt.
Und was die Menschen tun und treiben,
ob frei sie oder Knechte bleiben,
dem Frühling gräbt es sich nicht ein.
Kein Treiber bringt mich je in Zweifel
– Ist er ein Teufel aller Teufel -,
er ändert nicht der Sonne Schein.
Justinus Kerner

Wenn alles eben käme,
wie du gewollt es hast,
und Gott dir gar nichts nähme
und gäb dir keine Last,
wie wär's da um dein Sterben,
du Menschenkind, bestellt?
Du müßtest fast verderben,
so lieb wär dir die Welt!
Friedrich Baron
De La Motte Fouqué

Ist die Zeit auch hingeflogen,
die Erinnerung weicht nie;
als ein leichter Regenbogen
steht auf trüben Wolken sie.
Ludwig Uhland

Muss man von Freuden scheiden
in schöner Sommerzeit
und, was uns lieb war, meiden,
das ist ein herbes Leid.
Doch kann ein Trost hienieden
versüßen uns den Schmerz:
Was Schönes uns beschieden,
behält ein dankbar Herz.

Willkommen, schöne Stunden!
Mögt ihr euch bald erneun,
daß wir so treu verbunden
uns wiederum erfreun.
Wir wollen sein zufrieden
mit dem, was Gott verlieh;
ist auch die Zeit geschieden,
das Schöne scheidet nie.

August Heinrich Hoffmann
von Fallersleben

Wenn mir mal ein Malheur passiert,
ich weiß, so bist du sehr gerührt.
Du denkst, es wäre doch fatal,
passierte dir das auch einmal.
Doch weil das böse Schmerzensding
zum Glück an dir vorüberging,
so ist die Sache anderseits
für dich nicht ohne allen Reiz.
Du merkst, dass die Bedauerei
so eine Art von Wonne sei.

Wilhelm Busch

Dankbar sei mit Herz und Munde!
Und so kehret leicht zurück
jede schöne, frohe Stunde,
alles, was dir war ein Glück.

Und die dunklen Tage malen
schön sich im Erinnerungsschein,
wie die Abendwolken strahlen
golden in die Welt hinein.

Und du fühlst, was du besessen,
ist doch dein für immerdar;
nein, du kannst es nicht vergessen,
was dir lieb und heilig war.

Dankbar sei mit Herz und Munde!
Dankbar heut und allezeit!
Dir auch manche schöne Stunde
die Erinnerung verleiht.

August Heinrich Hoffmann
von Fallersleben

Oft muss man erst durch Wolken dringen,
eh man des Himmels Blau entdeckt:
So lässt das Gute sich erringen,
weil sich das Beste nur versteckt.
August Heinrich Hoffmann
von Fallersleben

Das sind die Starken,
die unter Tränen lachen,
eigne Sorgen verbergen
und andre fröhlich machen.
Franz Grillparzer

Fortuna lächelt, doch sie mag
nur ungern voll beglücken;
schenkt sie uns einen Sommertag
so schenkt sie uns auch Mücken.
Wilhelm Busch

Sahst du ein Glück vorübergehn,
das nie sich wiederfindet,
ist's gut, in einen Strom zu sehn,
wo alles wogt und schwindet.

Hinträumend wird Vergessenheit
des Herzens Wunde schließen;
die Seele sieht mit ihrem Leid
sich selbst vorüberfließen.
Nikolaus Lenau

Alles kann ich wiedergeben,
was verlor ein redlich Herz.
Freudenreich bleibt stets mein Leben,
Freude tausch ich ein um Schmerz.

Mein ist, was dir längst entschwunden,
froh verweb ich Zeit um Zeit,
und ich trag in trüben Stunden
stets ein Regenbogenkleid.

August Heinrich Hoffmann von Fallersleben

Es ist der Glaub ein schöner Regenbogen,
der zwischen Erd und Himmel aufgezogen,
ein Trost für alle, doch für jeden Wandrer
je nach der Stelle, da er steht, ein andrer.

Emanuel Geibel

Nach den Tränen stellt im Leben
sich oft auch das Lachen ein;
Tränen haben auch die Reben,
aber trotz der Tränen geben
sie den lust'gen, gold'nen Wein.

Justinus Kerner

Und wenn ich wüsste,
dass morgen die Welt in tausend Stücke zerbräche,
ich würde heute noch einen Baum pflanzen.

Martin Luther

Ein einziger Grundsatz wird dir Mut geben,
nämlich der Grundsatz,
dass kein Übel ewig währt,
ja nicht einmal sehr lange dauern kann.
Epikur

So tut die vielgeschmähte Zeit
doch mancherlei, was uns erfreut,
und was das Beste, sie vereinigt
selbst Leute, die sich einst gepeinigt.
Wilhelm Busch

Mit der Freude zieht der Schmerz
traulich durch die Zeiten.
Schwere Stürme, milde Weste,
bange Sorgen, frohe Feste
wandeln sich zur Seiten.

Und wo eine Träne fällt,
blüht auch eine Rose.
Schon gemischt, schon eh' wir's bitten,
ist für Thronen und für Hütten
Schmerz und Lust im Lose.

War's nicht so im alten Jahr?
Wird's im neuen enden?
Sonnen wallen auf und nieder,
Wolken gehn und kommen wieder,
und kein Wunsch wird's wenden.
Johann Peter Hebel

Älter als die Schwestern alle,
aber dennoch bleib ich jung.
Wem ich einmal nur gefalle,
weiß, ich heiß Erinnerung.

Scheint dir auch mal das Leben rau,
sei still und zage nicht.
Die Zeit, die alte Bügelfrau,
macht alles wieder schlicht.

Wilhelm Busch

Warte! du erlebst es noch,
dass der Frühling wiederkehrt.
Hoffen alle Bäume doch,
die des Herbstes Wind verheert.
Hoffen mit der stillen Kraft
ihrer Knospen winterlang,
bis sich wieder regt der Saft,
und ein neues Grün entsprang.

Friedrich Rückert

Wie dunkle Nacht, sie ist verschwunden,
verschwunden ist das bange Leid;
es mahnen euch die heitern Stunden,
dass ihr wie sie auch heiter seid.
Bei diesem schönen Sonnenschein,
wer möchte da nicht fröhlich sein!

August Heinrich Hoffmann
von Fallersleben

Sei traurig, wenn du traurig bist,
und steh nicht stets vor deiner Seele Posten!
Den Kopf, der dir ans Herz gewachsen ist,
wird's schon nicht kosten.
Erich Kästner

Was uns Trost und Mut kann geben,
um hienieden gern zu säumen?
Dass wir leben, wenn wir träumen,
dass wir träumen, wenn wir leben.
August Graf von Platen

Dauerhaftem schlechtem Wetter
musst du mit Geduld begegnen.
Mach es wie die Schöppenstetter:
Regnet es, so lass es regnen!
Wilhelm Busch

Trösten ist eine Kunst des Herzens.
Sie besteht oft nur darin, liebevoll zu schweigen
und schweigend mitzuleiden.
Otto von Leixner

Zählt man die Zeit im Jahr,
drin freudevoll war ein Herz,
sind's wen'ge Tage nur,
die andern trug es Schmerz.

Zählt man die Zeit im Jahr
drin blau der Himmel blieb,
sind's wen'ge Tage nur,
die andern waren trüb.

Drum, da der Himmel selbst
so oft in Tränen steht,
klag nimmer, Menschenherz,
dass dir's nicht besser geht.
Justinus Kerner

Den bängsten Traum begleitet
ein heimliches Gefühl,
dass alles nichts bedeutet,
und wär uns noch so schwül.
Da spielt in unser Weinen
ein Lächeln hold hinein,
ich aber möchte meinen,
so sollt es immer sein!
Friedrich Hebbel

So komme, was da kommen mag!
Solang du lebest, ist es Tag.

Und geht es in die Welt hinaus,
wo du mir bist, bin ich zu Haus.

Ich seh dein liebes Angesicht,
ich seh die Schatten der Zukunft nicht.
Theodor Storm

Stirb nicht im Grimm!
Man soll die Dinge nicht so tragisch
nehmen, wie sie sind.
Karl Valentin

Sage dir immer:
Zu früh sterben ist schlimm, –
zu spät geboren werden ist schlimmer.
Erich Kästner

Wenn zwei von einander scheiden,
so geben sie sich die Händ,
und fangen an zu weinen,
und seufzen ohne End.

Wir haben nicht geweinet,
wir seufzten nicht Weh und Ach!
Die Tränen und die Seufzer,
die kamen hintennach.
Heinrich Heine

Ich hab mich hinten angewurzelt,
dass niemand aus deinem Album purzelt.
Volksmund

Hier auf dieser letzten Seite
will ich stehen winzigklein,
will zuletzt gelesen werden,
will zuletzt vergessen sein.
Volksmund